비교문학

첫단추 시리즈
065

비교문학

벤 허친슨 지음
민현주·이유진 옮김

교유서가

차례

1. 읽기의 은유 ---------- 007

2. 실천과 원리 ---------- 029

3. 역사와 영웅들 ---------- 077

4. 분과 학문들과 논쟁들 ---------- 133

5. 비교문학의 미래 ---------- 179

· 참고문헌 및 독서 안내 195

· 감사의 말 214

· 역자 후기 216

· 도판 목록 222

제 1 장

읽기의 은유

잉크 반점에서 무엇이 보이는가? 누군가는 추상적인 구름을, 누군가는 위협적인 가면을 볼 것이다. 어떤 사람은 암시적인 공간을, 또다른 사람은 이 형태를 만든 선에 주목할 것이다. 우리는 이미지의 양측이 좌우대칭이라는 사실에는 전부 동의할 수 있을 것이다. 그러나 그 이상으로 우리의 뇌는 각자 다르게 정보를 처리하며, 연상이나 편견—그리고 희망과 두려움—을 늘 변화하는, 정의되지 않은 대상에 투사한다. 다시 말해 관찰자가 어떻게 바라보느냐에 따라 이미지는 다르게 나타난다(그림 1).

다소 인상주의적이긴 하지만 헤르만 로르샤흐Hermann Rorschach의 잉크 반점 테스트는 비교문학에 관한 유용한 비유를

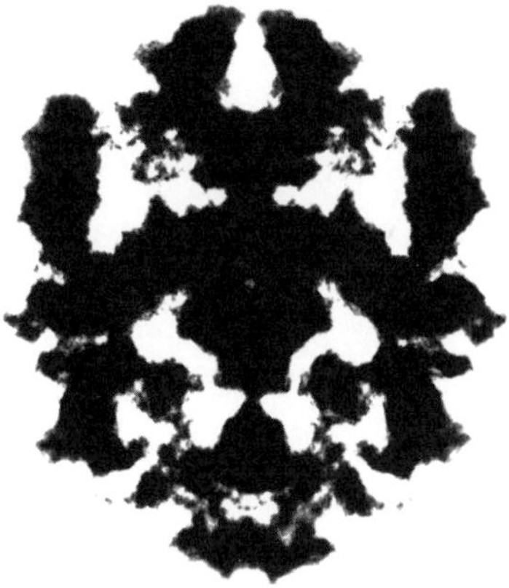

1. 문학을 깊이 읽기: 로르샤흐 테스트

제공한다. 최소 두 가지 형식의 글을 상호연구하는 것으로 이해되는 비교문학은 가장 자연스러우면서도 가장 인위적으로 구성된 지적 활동이다. 한 텍스트나 전통을 이해하려고 할 때 우리는 본능적으로 이를 다른 텍스트 및 전통과 비교한다. 대상의 한 면은 다른 면을 반영하고 형성한다(이미지의 절반을 가리면 그 구조의 형태는 금방 사라진다). 그러나 우리는 또한 비교에 일련의 정치적, 역사적, 문화적 성향, 즉 비교를 하면서 의미를 만들어내는 지각 장치를 가져온다. 한 텍스트를 사용해 다른 텍스트를 이해하는 작업, 가령 셰익스피어Shakespeare의 『템페스트*The Tempest*』와 몽테뉴Montaigne의 에세이 「식인종에 대하여Des cannibales」를 함께 읽거나 당나라의 한시와 근대의 유럽 시를 비교하는 연구는 자신의 취향과 지식의 한 면을 드러내는 행위이다. 설령 그것이 단지 자신의 취향과 지식을 맥락화함으로써 의미 있는 것을 터득할 수 있다는 믿음에 불과할지라도 말이다. 비교는 그 자체의 방법론을 통해 문학을 읽는 것이 문학을 깊이 해석하는 것이기도 함을 분명히 한다.

문학은 결국 비교적으로 존재하기 때문이다. 고대 그리스 연극에서 근대 소설까지, 동양 서사시에서 서양 고전에 이르기까지 역사상 완전히 자기 완결적인 텍스트는 존재하지 않는다. 읽고 쓰는 것은 등장인물, 관습, 플롯 그리고 전제 등 기존의 틀 안에서 작업하는 것이다. 한 문학작품을 이해하는 방식은 다른 문학작품을 이해하는 방식에 달려 있다. 더 많이 알수록 더 많이 맥락화할 수 있다. 더 많이 배울수록 더 많이 비교할 수 있다. 지식 자체는 비교적이다. 읽는 방식과 쓰는 방식을 뛰어넘어, 비교는 우리의 사고방식 그 자체에 견고하게 내재해 있다.

이로 인해 비교문학은 가장 야심 찬 지적 분야 가운데 하나가 되었지만, 동시에 이 작업 전체에 의문을 제기하기도 한다. 오늘날 가장 영향력 있는 비교문학자인 조지 스타이너George Steiner가 간결히 말했듯, 만약 '읽는 것이 비교하는 것'이라면 비교를 위해 보호 구역을 설정하는 것은 사실상 불필요해 보일 수 있다. 우리는 어쨌든 늘 비교 작업을 하고 있기 때문이다. 간단히 말하자면 **문학**과 **비교**문학의 힘에는 어떤 차이가 있는가? 이 질문에 답하기 위해서는 비교문학의 실천, 역사, 이론을 깊이 탐구해야 한다.

우리는 왜, 아니 어떻게 비교문학자가 되는가? 필자의 경우 이는 언어를 향한 열정에서 시작했고, 그 언어로 쓰인 문학, 그리고 그것들 사이의 점들을 연결하는 방법을 향한 탐구로 이어졌다. 점들이 하나로 어우러져 패턴이 되는 순간, 문학은 진정으로 비교문학이 되며 이는 가장 짜릿한 지적 체험이다. 세르반테스Cervantes에서 칼비노Calvino까지 소설의 진화를 추적하고, 페트라르카Petrarca에서 푸시킨Pushkin까지 소네트의 역사를 연구하는 작업은 서로 다른 문화를 횡단하는 즐거움에 이끌려 새롭고 더 큰 성좌를 항해하는 것과 같다. 외국어 실력이 어떻든 지적 호기심을 타고난 사람이라면 누구든 이러한 만족감을 공유할 수 있다. 호기심, 열린 마음, 지적 야망 : 이것들이 바로 비교를 위한 유일한 전제 조건이다.

인간의 본능 가운데 비교하려는 충동보다 더욱 근원적인 것은 거의 없다. 자의식 초기 단계에서부터 인간은 타자와의 관계 속에서 자신을 암묵적으로 이해한다. 나이가 들면서 또래와 자신을 지속적으로 비교하고, 또 유사성과 차이를 감지하는 미세한 감각을 발달시켜 자신의 성장을 측정하는 법을 배운다. 비교는 공감, 시기, 방어, 존중 등 다양한 형태로 나타날 수 있지만 언제나 다양성에 대한 인식으로 돌아온다. 다시 말해 비교에는 한 가지 방식만 있는 것이 아니라 다양한 존재 방식과 행동 방식이 있다는 사실을 (좋든 싫든) 인정하는 것으로 귀결된다. 자신 너머의 세상을 바라보는 것이 우리가 배우는 방식이다.

학술적인 비교 방법은 인간의 이러한 기본적인 심리적 충동을 가져와 그것을 객관적으로 품위 있게 만든다. 그러나 관찰자의 맥락은 여전히 중요한 기준점을 제공한다. 비교문학은 '분과 학문'으로서의 객관성을 추구할 수 있지만, 실제로는 이를 정의하는 편견과 입장에 매우 깊이 연루되어 있다. 도입부에서부터 이 사실을 인정하는 것이 직관에 반할 수 있지만 사실 단일하고 객관적인 비교문학이라는 것은 존재하지 않는다. '문학'이라는 개념이 아무리 문제적일지라도—이 개념이 점점 논쟁의 대상이 되는 상황을 볼 수 있을 것이다—, 형용사 '비교적인comparative'은 문학에 접근하는 방법에 대해 완전히 합의가 이루어지지 않았음을 가리킨다. 거의 모든 비교문학자는 무엇을 어떻게 비교할지에 관해 서로 생각이 다르며, 각자 다른 우선순위를 가지고 있다. 이들 사이의 유일한 합의점은 이 용어 자체가 본질적으로 불안정하다는 사실이다. 민주주의 국가의 정부처럼 우리는 우리가 마땅히 가져야 할 비교 방법을 갖는다.

이러한 불안정성은 비교문학의 본질 그 자체이다. 비교문학의 의미와 방법론은 고정된 정전canon을 뒤흔들고, 이질적인 텍스트와 전통 간의 새로운 연결과 서로를 더욱 풍부하게 하는 연결고리를 구축하는 데 달려 있다. '세계문학'이나 '다언어주의' 같은 개념은 본질적으로 불안정한 개념에 안정성을 부여하려는 지속적인 시도의 최근 사례일 뿐이다. 민족 문학(영국 문학, 프랑스 문학, 러시아 문학 등)처럼 명확히 구분된 분야와 달리 비교문학에는 텍스트의 정전보다는 텍스트에 접근하는 방식의 정전이 있다. 간단히 말해 비교문학은 비非학문적indiscipline 상태이며, 연구 대상이라기보다 자기반성적 읽기 방식이다. 혹은 연구 대상을 탐색하는 자기반성적 읽기 방식이다. 만약 비교문학이 로르샤흐 테스트와 유사한 성격을 지닌다고 한다면, 이러한 특징으로 인해 비교문학은 세계화와 관련된 근대의 지적 불안을 비추는 거울이 된다.

국제 관계

그렇다면 비교문학은 무엇인가? 비교문학자라면 누구든 연구 과정에서 한 번쯤, 아니 몇 번쯤은 이 질문을 받아본 적이 있을 것이다. 스스로 지적 능력을 확장하려는 야심 찬 독자들은 일반적으로 비교문학이라는 이 개념에 흥미를 느끼나 그 의미에 대해서는 확신하지 못한다. 이는 여러 면에서 그럴 만하다. 전문가들조차도 하나의 용어로 합의하지 못하기 때문인데, 가령 프랑스어에서는 **비교된** 문학littérature comparée, 독일어에서는 **비교하는** 문학 vergleichende Literaturwissenschaft, 영어에서는 **비교적인**comparative 문학이라고 부른다. 프랑스어의 과거 분사는 비교가 이미 행해졌음을 시사하는 반면, 독일어의 현재 분사는 비교가 진행중임을 의미한다. 반면 영어의 형용사는 대상과 관찰자의 구분을 모호하게 한다(비교되는 것은 문학인가? 아니면 문학에 대한 접근 방식인가?). 이러한 용어 자체를 비교적 관점에서 고찰하면 문화적 차이라는 판도라의 상자가 열리게 된다.

하지만 요약하자면 이것이 핵심이다. 문학을 비교적 관점에서 바라본다는 것은 자신이 가진 전통의 지평을 넘어 얼마나 많은 것을 배울 수 있는지 깨닫는 것이다. 이는 다른 문학에 대해서뿐만 아니라 자신의 문학에 대해서도 더 많이 발견하는 것이며, 문화가 상호작용하는 방식을 이해하려는 위대한 유토피아적 꿈에 참여하는 것이다. 한편에서는 이주하거나 국경을 횡단하는 반면, 다른 한편에서는 단일언어주의와 단일문화주의로 후퇴하는 역설적인 시대에 비교문학의 비교문화적 과제는 인문학의 미래에 있어 점점 중요해지고 있다. 사실 우리는 모두 비교문학자이다. 우리는 독서하며 언어, 문화, 장르를 넘나들며 끊임없이 그 사이의 연결고리를 생성한다. 문제는 우리가 그것을 자각하는가이다.

이 책의 목적은 이러한 비교문학적 충동을 의식적으로 표현하는 것이다. 이 책은 학술적인 관점뿐만 아니라 더욱 일반적인 문화사적 관점에서 비교문학의 이론과 실천을 변화하는 지적 풍토의 표현으로 바라볼 것이다. 또한 이러한 풍토를 형성해 온 망명자, 이주자, 탐험가들의 다채로운 면모 역시 고찰할 것이다. 비교문학의 역사와 이론은 문학적 문화literary cultures가 서로를 바라보는 방식을 배워온 과정에 대한 역사와 이론이자 서로 다른 표현 방식의 차이에서 비롯된 이해와 오해, 특권적인 우정에 관한 역사와 이론이다. 근대의 힘은 비교문학이라는 학문—식민주의와 민족주의부터 망명과 국제주의에 이르기까지—을 탄생시켰고, 동시에 비교문학을 형성했으며, 유추, 대조, 문화적 차이라는 비교문학의 연구 과제 또한 빚어냈다. 간단히 말해 비교문학은 문화의 국제 관계와 같은 것이다.

비교문학에 관한 이러한 이해는 비교문학이 문학적 비평만큼이나 정치적 활동임을 시사하는 동시에 비교문학이 개념화되어온 방식이 변화해왔음을 보여준다. 비교문학의 역사는 단지 학문의 역사가 아니다. 이는 학문의 자기 이해의 역사이기도 하다. 이러한 자기 이해를 지배해온 것은 근대와 유럽이라는 두 범주이다. 이 책은 이러한 용어로 비교문학의 형성을 정당하게 추적한다(그렇지 않으면 이는 학문의 발전 과정을 왜곡하는 것이 될 것이다). 하지만 전근대와 세계에 대해서도 똑같이 반대 서사counter-narrative를 구축할 수 있다. 글로벌 역사학자들이 점점 밝혀내듯, 비교적인 관점의 가능성을 주장하기 위해 유럽의 근대성(사실상 '유럽의 근대성'이라는 개념 자체)이 도래하기를 기다릴 필요는 없다. 르네상스시대 훨씬 이전에 산스크리트어, 아랍어, 중국어는 그리스어와 라틴어에 버금가는 국제적이며 초국가적인 표현 양식의 수단이었다. 또 중세에는 지역 언어와 링구아 프랑카lingua franca간의 다언어 사용multilingualism이 일반적이었다. 이러한 의미에서 비교문학은 문화의 상호 언어적 관계이기도 하다.

근대 유럽에서 국가 간 지적 교류의 과정으로서 비교문학의 발전은 지정학적 측면에서 볼 때 1648년 베스트팔렌 조약에 명시된 국가 주권 개념으로 거슬러올라간다. 국제적이 되기 위해서는 우선 국가적으로 되어야 한다. 세력 균형의 원칙은 종교적(더 나아가 문화적) 자유의 원칙과 함께 다양한 제국과 '영토dominions'가 국제 전쟁 대신 문화 간 교류를 추구하도록 만드는 역할을 했다. 비교문학이 본격적으로 발달한 시기인 19세기에, 이러한 힘의 균형은 나폴레옹 전쟁의 격변을 거쳐 1815년 빈 회의에서 재확인되었으며, 이후 100년간의 유

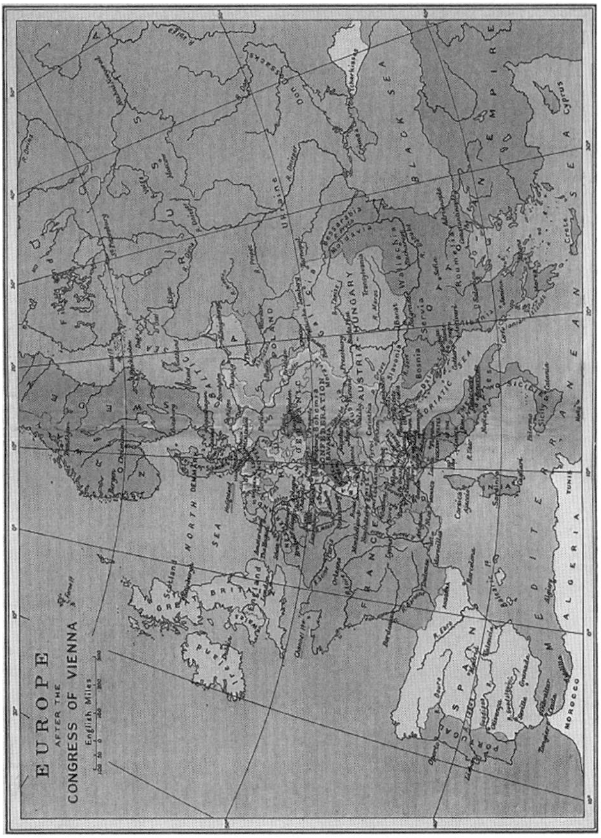
EUROPE
AFTER THE
CONGRESS OF VIENNA
English Miles
NORTH SEA
BLACK SEA
ADRIATIC SEA
HUNGARY
AUSTRIA
POLAND
Bohemia
Wallachia
Moldavia
Bessarabia
Bosnia
Servia
Corsica
Sardinia
Sicily
Crete
Cyprus
ALGERIA
MOROCCO
TUNIS

2. 빈 회의 당시 유럽

럽 지도를 확정했다(그림 2 참조).

주요 제국들(프로이센, 러시아, 오스트리아)이 큰 이득을 얻었다는 사실은 수많은 소규모 국가들과 언어가 그들의 영향권 안에 놓이게 되었음을 의미했다. 다양한 문화가 소수의 거대한 집단에 포함되어, 초국가적 수준에서 서로의 균형을 더 잘 맞추게 되었다. 비교의 조건은 완벽했다고 볼 수 있다. 그러나 이러한 제국주의적 구조는 비교문학이라는 새롭게 등장한 학문 분야에 이중 구속double bind을 야기했다. 국가 간의 분열을 극복하려는 시도가 오히려 그 분열과 정확히 연결되어 있으며 경쟁 국가와 식민지라는 서사에 갇혀 있음을 뜻했기 때문이다. 즉, 비교는 언어와 문학의 내부에서, 그리고 그것들 사이에서 발달한 만큼 국가와 제국(나폴레옹시대, 빅토리아시대, 합스부르크시대 등)의 내부에서 그리고 그것들 사이에서 발달했다. 19세기의 지정학적 용어로 이해한다면, 비교문학은 곧 경쟁 문학competitive literature이기도 했다.

비교와 대조

이러한 경쟁적인 서사 속에서, 비교의 과정을 어떻게 잘 이해할 수 있는가? 아마 비교의 과정을 지배 은유master metaphor를 찾는 과정으로 보는 것이 유용한 출발점이 될 것이다. 벨기에 출신 비평가인 폴 드 만Paul de Man, 1919~1983은 근대 문학이 그 자체로 '독서의 알레고리allegories of reading'를 구성한다고 주장했다. 더 나아가 비교문학은 독서에 대한 은유를 구성하고, 언어와 국가 간의 텍스트 및 문화를 해석하는 방법의 모델을 구성한다. 이러한 은유는 잠정적으로 다음의 두 유형으로 분류할 수 있다. 하나는 연결 혹은 유사성을 가리키는 것이고 다른 하나는 단절이나 차이를 가리키는 것이다.

연결 혹은 유사성을 가리키는 전자의 유형부터 시작하자면, 문학에 대한 비교적 접근을 가장 명확히 나타내는 은유는 '교차로crossroads'일 것이다. 실크로드, 신성로마제국, 문학 공화국 등 다양한 길이나 공간이 서로 교차하는 지점의 한가운데에 서 있는 비교문학자는 이 모델을 따라 흐르는 움직임을 조사하고 안내한다. 이러한 입지에는 많은 이점이 있다. 다양한 정보에 대한 특권적 접근, 경쟁적인 관점에 대한 노출, 끊임없는 자극과 (재)협상이 그러하다. 하지만 이러한 입지는 비교문학자를 우연과 상황에 휘둘리게 해, 마치 교통 표지판이 전부 뒤집힌 만화 속에서 머리가 뱅뱅 도는 로드러너Road Runner처럼 방향감각을 잃게 할 수도 있다는 위험성을 내포한다. 더욱 근본적으로 이는 탈식민적 세계화 시대에서 현대 비평의 가장 큰 두려움인 유럽 중심주의가 아니라 '중심주의centric-centric'적인 비교문학 모델에 의존한다. 이는 비교문학자가 그러한 논쟁의 중심에 있어야 함을 암시하기 때문이다. '글로벌 사우스Globla South'와 재편된 '주변부peripheries'의 시대에 이러한 중심이 유지될 수 있을지는 불분명하다.

이에 대한 대안으로 점점 중요해지는 또 다른 협상 모델은 '시장marketplace'이다. 성공한 작가들이 국내 독자뿐만 아니라 전 세계 독자를 대상으로 집필하는 시대에, 문학의 문화 간 '시장성marketability'은 비교 대상과 집필 대상을 결정하는 중요한 기준이 되었다. 즉 시장이라는 은유는 독자와 작가 모두와 관련이 있다. 비교문학은 대개 비평적 관점, 즉 수용의 문제로만 이해되는 경우가 많지만 작가의 관점, 즉 창작의 문제로도 볼 수 있다. 이미 1820년대에 괴테는 '세계문학Weltlitteratur'이라는 용어를 도입하면서 시장이라는 은유를 사용했다. 그는 이 은유를 부분적으로는 계몽주의적 의미에서 무역과 상업의 장場으로 사용했으며, 또 한편으로는 자신의 작품을 널리 보급하기 위해 사용했다. 세계 시장에서 비평가가 발상을 사고파는 것만큼 작가는 해외 판권과 해외 출판본을 염두에 두면서 그 시장을 상대로 글을 쓴다. 비교를 하려면 비교할 대상이 있어야 한다. 이러한 방식으로 수익을 창출하는 '시장'이라는 은유는 비교문학이 필연적으로 작동하는 사회문화적 구조, 즉 이를 가능하게 하는 출판사, 서평가, 번역가, 그리고 교수들의 네트워크를 가리킨다.

'교차로'와 '시장'이라는 은유, 그리고 '의회'나 '국제 연합' 등 더욱 공공연한 정치적 변형을 포함하는 다른 은유는 두 가지 관점, 혹은 그 이상의 관점 간의 상호작용을 촉진하는 것으로 생각할 수 있다. 사실상 한 걸음 더 나아가 그것들이 은유의 의미 자체를 모방한다고 말할 수도 있다. 비교 과정은 어떤 것을 다른 것과 **유사하다고** 말함으로써 직유로 기능하는 것과 마찬가지로 은유(metaphor, 그리스어 meta-pherein에서 유래한 것으로, '전해지다carry over' 혹은 '옮기다transfer')로도 기능하며, 한 발상을 다른 발상과 비교하는 방식을 가리킨다. 서양 전통에서 가장 초기 사상가 가운데 한 명의 말을 빌리자면, '뛰어난 비유란 비유사성 속에서 유사성을 직감적으로 인식하는 것'이다. 아리스토텔레스가 정의하는 탁월한 직관은 비교문학자가 문학에 접근하는 방식에도 마찬가지로 적용할 수 있으며, 이는 두 가지 혹은 그 이상의 텍스트 사이에 이제까지 한 번도 의심해본 적 없는 연결고리를 생산한다.

그렇지만 은유는 오해를 불러일으킬 수도 있다. 때때로 의미는 '전해지는' 것이 아니라 가로채진다. 덴마크의 비평가인 게오르 브란데스Georg Brandes, 1842~1927는 비교문학을 특정 대상을 확대하거나 축소하는 망원경이라고 했다. 왜냐하면 비교문학은 특정 대상(가령 입센Ibsen, 스트린드베리Strindberg 혹은 니체Nietzsche의 텍스트 등)에 초점을 맞춤으로써 더욱 멀리

(가령 유럽 모더니즘 전반) 보기 때문이다. 그가 제시한 이러한 이미지는 비교와 이에 수반하는 은유의 양가적 본질을 아주 잘 포착하고 있다. 비교문학을 단순한 지적 수출입 비즈니스로서 손쉽게 이해하는 데 의문을 제기하는 이러한 은유를 어떻게 이해해야 하는가? 유사성뿐만 아니라 차이의 메커니즘은 어떻게 이해해야 하는가? 간단히 말해, **대조** 문학contrastive literature이란 무엇인가?

대조 문학은 비교문학에 꼭 필요한 상대를 형성한다. 차이 없이는 유사성도 없다. 어떤 것을 다른 것과 유사하다고 말하기 위해서는 암묵적으로 무엇이 같지 **않은지**를 말해야 한다. 비교 작업은 대조하는 능력을 전제로 한다. 이러한 관점에서 보면, 비교문학은 비교하는 것만큼이나 비교를 재구성하며, 따라서 새로운 관점과 의미의 창조를 주축으로 하는 은유군을 끌어들인다. 이 그룹에서 가장 두드러지는 은유는 '멜팅 포트melting pot'일 것이다. 텍스트와 아이디어가 다른 방향으로 나아가더라도 이전부터 인식할 수 있는 형식 안에서 계속 움직인다는 것을 시사하는 교차로 이미지와 달리, 언어적 멜팅 포트—전근대에는 라틴어 또는 산스크리트어, 탈근대에는 영어나 프랑스어로 된 '세계' 문학—는 지역의 사상이 하나의 '세계적' 수용자(그 다양한 변형들 속에서) 안에서 표현되기 위해 근본적인 형식의 **변화**를 겪는다는 것을 시사한다. 문자 그대로 이해하면, 비교문학은 모든 글쓰기를 하나의 틀로 환원하며, 그 안에서 재구성된 새롭고 다양한 의미들이 생성된다.

물론 하나의 언어 내에서도 비교는 그렇게 간단하지 않다. 싱글 포트single pot 안에도 수많은 재료가 들어 있을 수 있으며, 이런 재료를 맛보고 식별하는 것이 비교문학자의 역할이다. 아이디어의 한 버전과 다른 버전을 경계 짓는 것, 즉 두 아이디어를 하나로 모으면서 동시에 분리하는 것은 비교문학적 실천의 필수적 측면이다. 멜팅 포트 모델이 갈등 요소를 해결하는 동시에 그것을 용해한다고 한다면, '출입국 관리소'로서의 비교문학이라는 관점은 비교문학자에게 여전히 더욱 강력한 힘을 부여한다. 왜냐하면 이러한 관점은 아이디어가 안전하게 통과하도록 비교문학자가 허락할 수도 있고 동시에 아이디어의 흐름을 차단할 수도 있음을 시사하며, 비교문학자에게는 밀수품(가령 근대 유럽 문학에 남아 있는 식민주의적 태도)을 찾아내기 위해 텍스트를 샅샅이 뒤질 권한이 있음을 나타내기 때문이다. 비교문학자는 다소 자유주의적이자 다소 **방임주의적**인 감각으로 아이디어의 흐름을 판단한다. 이러한 입장을 취하는 것이 미학적으로나 윤리적으로 문제가 된다는 점은, 이것이 불러오는 도발 중에서도 결코 사소하지 않다.

하지만 비교문학의 역사—특히 20세기 유대인 디아스포

라와 신흥 분과 학문 간의 밀접한 관계—를 연구하는 것은 비교문학이 궁극적으로 국경을 지키는 것이 아니라 넘는 것임을 깨닫는 일이다. 비교문학자는 자신의 모국 문화와 거리를 두고 '모국'의 문학을 버림으로써 기꺼이 모국 없는 상태가 되기를 선택한다. 또한 모든 단일 언어를 뛰어넘는 텍스트나 수사를 더 깊이 이해하기 위한 지식을 얻으려 한다. 이들은 어느 특정 전통에도 속하려 하지 않는다. 실제로 이 '소속 없음unbelonging'이 비교문학자들의 가장 큰 특징이다. 지적 망명자intellectual émigrés로서 비교문학자들은 문화 간의 연결을 형성하지만, 역설적으로 그러한 과정에서 문화 간 차이를 더욱 강화한다. 따라서 대조는 비교만큼 중요하며 단절은 연결만큼 유익하다.

21세기의 비교문학

누군가는 왜 이러한 은유가 중요한지 물을 수도 있다. 왜 내가—그리고 당신이—비교문학의 자기 인식 방식에 관해 관심을 가져야 하는가? 질문에 대한 답은 전문적인 논쟁에 있는 것이 아니라 상식에 있다. 비교문학의 경우, 비교문학이 의존하는 은유가 그것이 가능하게 하는 통찰만큼이나 중요하다고 할 수 있다. 역사적으로 지적 및 제도적 지위가 더 안정적인 다른 학문과 달리 비교문학은 끊임없이 자신의 사명을 새롭게 갱신하고, 문학(들)을 '비교해야' 하는 이유와 방법에 관한 새로운 이야기를 늘 스스로 끊임없이 창출해야 한다. 물론 다른 인문학 분야들이 자신의 작업을 바라보는 방식에 있어 덜 불안정하거나 덜 혁신적이라는 말이 아니다. 그러나 그 분야들은 정의상 분과 학문 사이의 틈에서 작동하는 비교문학의 접근 방식처럼 끊임없는 불안감에 의해 정의되지는 않는다. 스스로를 끊임없이 정당화해야 하는 필요성이야말로 비교문학을 특히 변화하는 지적 유행과 그에 따라 변화하는 학문적 은유에 유독 얽매이게 하는 특징이다. 즉 '비교'문학은 비교적으로 이해되어야 한다. 다시 말해 이는 역사적 조건에 따라 달라지며 문맥에 따라 특화된다는 뜻이다.

가령 '비교'라는 형용사가 무엇을 전달하려는지 잠정적으로 고찰해본다면, 문학이라는 개념과 결합한 비교라는 개념이 그 실천만큼이나 중요하다는 사실을 알 수 있다. 비교문학의 원동력은 단지 서로 다른 문학적 표현의 형식과 언어를 횡단하며 넓은 관점을 확보하려는 열망에 그치지 않는다. 이는 그 작업 자체가 애초에 가치 있는 시도라는, 정치적·윤리적·미학적 개념이기도 하다. 즉 비교문학은 약간의 정념pathos 없이는 성립할 수 없다. 비교문학을 움직이는 힘은 '어디에도 없는u-topos'—따라서 '어디에나 있는'—유토피아적 꿈이기 때문이다.

좀더 평이하게 말하면 비교문학은 주제와 기법의 문제이기도 하다. 비교문학은 종종 출전, 영향, 모티프, 장르, 신화 등의 포괄적인 범주를 탐색하며, 최대한 다양한 예와 반례를 통해 논의를 전개한다. 비교문학의 유일한 정통성은 다양성, 즉 자신의 관점 외에 다른 관점을 수용하려는 시도이다. 중요한 것은 이것이 독자의 비판적 관점뿐만 아니라 작가의 창의적인 관점에도 적용된다는 점이다. 비교문학은 이론이자 동시에 기법이기 때문이다. 최초의 근대 소설 『돈키호테*Don Quixote*』에서 이 작품을 아랍 작가가 썼다는 세르반테스의 주장부터 다른 텍스트를 참조함으로써 텍스트를 구성하는 탈근대적 실천에 이르기까지 근대 문학은 비교적 방법에 의존하지 않고서는 존재할 수 없었다. 즉 비교는 사건 후에 독자의 마음속에서만 일어나는 것이 아니라 창작 과정 중에 작가의 마음속에도 이미 일어난다. 우리가 상호텍스트성이라고 부르는 것—T. S. 엘리엇T. S. Eliot이 『황무지*The Waste Land*』에 산스크리트어를 써 놓고, 셰익스피어가 몽테뉴를 반영한 것—은 단순히 비교의 다른 형식이며, 의미는 텍스트들 사이의 상호작용에서 나온다.

상호텍스트성과의 관계는 비교문학이 언어, 문학, 문화 사이에 있는 전략적 위치에 의해 정의되는 방식의 일례일 뿐이다. 21세기의 비교문학은 문학이론, 문화연구, 탈식민주의, 세계문학, 번역학, 수용 연구 등 이러한 모든 학문 분야와 그 이상을 기반으로 한다. 이러한 교차점들에서 반복되는 여러 논쟁이 발생한다. 가령 '고급high' 문화와 '대중popular' 문화에 대한 변화하는 개념, '원본'과 번역 텍스트 간의 변화하는 위계 구조, '정전'에 대한 개념과 비판, '텍스트'의 지위와 구성이 그것이다. 이러한 논쟁이 비교문학을 가장 역동적인 지적 분야 가운데 하나로 만든다. 수많은 원천에서 자원을 공급받아, 비교문학은 점점 시각 중심의 세계에서 언어 예술의 역할과 목적을 어떻게 구상할지에 관한 발상으로 넘쳐흐른다.

사실 이것이야말로 21세기 비교문학의 주요한 기능일 것이다. 비교적으로 말해서, 학문적 필요성으로서 비교문학은 서구의 많은 지역에 만연한, 최근 인문학에 대한 압박 속에서 놀랍게도 건강한 상태로 등장했다. 비교문학은 외국 문학과 더 넓은 시각에 관심이 있는 사람들에게 여전히 열려 있는, 점점 줄어드는 몇 안 되는 학문 분야 가운데 하나로 남아 있기 때문이다. 모국의 전통을 넘어서기를 원하는 야심 찬 독자들에게 비교문학은 자연스러운 고향이다. 동시에 그것은 왜 문학이—확장하자면 문화가—여전히 중요한지를 묻는 모든 '큰big' 질문들의 자연스러운 고향이기도 하다. 문학과 문화를 비교하는 것은 단순히 그것들의 부분을 모으는 것 이상이어야 하며, 국제적, 언어적, 문화적 관계를 숙고하고 보호하는 것이어야 한다. 요컨대 로르샤흐 테스트에 대한 순전히 주관적인 반응을 넘어서는 가장 확실한 방법은 비교문학의 실천과 역사, 이론을 연구하는 것이다.

제 2 장

실천과 원리

비교문학을 '한다'는 것은 무엇을 의미하는가? 이 책을 집어들 시간이 있는 사람이라면 아마 최대한 폭넓게 독서하는 것에 관심이 있을 것이다. 하지만 정밀한 검토와 성찰을 통해 그 관심을 더욱 심화할 수 있는 모든 방법에 대해서는 아직 잘 알지 못할 수도 있다. 비교문학을 처음 접하는 사람이 서로 경쟁하는 수많은 학파에 혼란을 느끼는 것도 이상하지 않다. 실제로 때로는 방법, 접근 방식, 이론, 이것만이 전부인 양 느껴지기도 한다. 비교문학자가 된다는 것은 때때로 비교문학자가 정확히 무엇인가에 관한 축적된 고찰의 층을 벗겨내기 위해 고군분투하는 것이다. 그러나 문학을 비교하는 데에는 여러 기본적인 전략이 있으며 이러한 전략은 비교문학이 발달하면서 지속적으로 반복되어왔다. 그리고 이러한 기본 원칙에서 비교문학에 대한 입문을 시작하는 것이 가장 바람직할 것이다. 비교문학의 역사와 이론을 다루기에 앞서 가장 먼저, 그리고 기본적으로 그 실천을 탐구해야 한다.

19세기 초부터 21세기 초까지 비교문학을 '한다'라는 것은 궁극적으로 불가능한 일을 시도하는 것이었다. 즉, 경쟁하는 전통들 사이에서 이들을 편견 없이 중재하고, 이러한 전통들을 완전히 습득하는 것을 뜻했다. 비교문학에 내재한 암묵적인 도덕적 명령—'더 폭넓게 읽어라! 더 많은 언어를 배워라!'—은 결국 누구도 완전히 따를 수 없는 명령이다. 사뮈엘 베케트Samuel Beckett의 말처럼 우리는 더 낫게 실패할 수 있을 뿐이다. 문제는 어떻게 가장 잘 실패할 것인가이다. 비교문학을 일종의 엘리트 학문, 적어도 하나의 언어적 전통을 이미 정복한 이들을 위한 챔피언스리그로 이해해야 하는가?(이는 괴테의 관점으로 그는 '오직 검증된 전문가만이 비교해야 한다', '아마추어는 모든 성취를 개별적으로 고찰해야 한다'라고 주장했다) 아니면 비교는 우리가 개별 언어와 문화를 처음 접한 시점부터 시작해야 하는가?(이는 대부분의 비교문학 학부 과정에서 암묵적으로 취하는 관점이다) 바꿔 말해 비교는 끝에 와야 하는가? 아니면 처음에 와야 하는가?

'비교적'으로 읽는다는 것이 무엇을 의미하는지조차 완전히 명확하지 않다. 문학의 형식을 비교하는 이유는 그것을 해석하는 이유만큼이나 많다. 어떤 비평가들은 보수적인 이유에서(가령 '유럽' 문화를 옹호하기 위해) 비교하고 어떤 비평가들은 진보적인 이유에서(소수 집단을 위한 국제적 연대를 지지하기 위해) 비교한다. 또 다른 비평가들은 텍스트를 우선시하고, 다른 비평가들은 맥락 중심의 비교 방식을 선호한다. 누군가에게는 비교문학자인 사람이 다른 누군가에게는 문화적 자유 투사이다. 하지만 비교문학의 기법과 관련해 우리는 그 학문적 실천을 구성하는 몇 가지 기본 원칙—비교의 정신에 있어 개념적 쌍으로 간주되는—을 규명할 수 있다. 이러한 비교의 범주는 이 분야에서 수행되는 수많은 연구의 기반이 된다. 따라서 그 장점과 한계에 관한 명확성은 비교문학을 이해하고자 하는 사람에게 매우 중요하다.

주제 대 방법

장차 비교문학자가 되고자 하는 사람이 할 법한 가장 기본적인 질문은 아마도 '비교적' 논증을 어떻게 구성하는가에 관한 것일 것이다. 비교의 정확한 본질을 결정하는 것은 텍스트인가? 아니면 텍스트에 대한 접근 방식인가? 글쓰기 형식을 비교하는 것은 다양한 맥락에서 특정 주제가 어떻게 변화하는지 추적하는 것을 의미할 수 있지만, 또한 이를 추적하는 방식 자체를 비교하는 것을 뜻할 수도 있다. 간단히 말해, 비교문학은 그 주제와 방법을 통해 연구할 수 있다.

아마도 가장 일반적인 비교의 형식은 반복적인 질문에 대한 다른 반응을 식별하는 것이다. 이 질문은 모티프나 신화(상자 1 참조), 쟁점이나 아이디어의 형식을 취할 수 있지만, 언제나 다양한 변형을 통해 연구 가능한 공통 주제를 전제로 한다.

이러한 주제적 접근 방식의 가장 간단한 형태는 두 저서 혹은 두 저자의 공통된 아이디어를 여러 언어를 넘나들며 단순히 비교하는 것이다. 가령 『돈키호테』와 『트리스트럼 섄디 *Tristram Shandy*』에서 나타나는 지나친 독서의 위험한 영향이나 호르헤 루이스 보르헤스Jorge Luis Borges와 제임스 조이스James Joyce 작품에 나오는 미로 이미지가 그러하다. 하지만 이 접근 방식을 더욱 발전시켜 세 개 이상의 관련 텍스트를 비교할 수도 있다. 예를 들어 『안나 카레니나*Anna Karenina*』, 『주홍 글씨 *The Scarlet Letter*』, 『보바리 부인*Madame Bovary*』에 나타나는 불륜 모티프를 비교할 수 있다. 또는 두 가지 언어로 글을 쓴 사뮈엘 베케트나 세 가지 언어로 글을 쓰고 세 개의 중요한 '이명heteronym'을 지닌 포르투갈 시인 페르난두 페소아Fernando Pessoa, 1888~1935의 다양한 텍스트를 비교하는 것이다. 또는 공통

된 원본 텍스트(가령 셰익스피어의 소네트)의 다양한 번역본이나 같은 이야기의 다른 버전(가령 존 쿳시John Coetzee가 남아프리카 공화국의 정치적 맥락에서 디포Defoe나 카프카Kafka를 다시 쓴 것)을 분석할 수도 있다. 체스가 그런 것처럼 비교문학이 취할 수 있는 움직임의 수는 이론적으로 무한하다.

물론 실제로는 그렇지 않다. 비교문학의 현실은 상대적으로 적은 수의 저자—앞서 인용한 주요 저자와 같은—를 반복해서 비교하는 경향이 있다는 것이다. 이는 방법론을 중심으로 하는 비교의 두번째 범주에도 똑같이 해당한다. 주제 중심의 비교문학 접근 방식이 논의 대상들의 (가정된) 내적 일관성에 따라 결정되는 경우, 그 일관성은 또한 관찰자가 선택하는 방식에 의해 텍스트에 부여될 수도 있다. 이러한 모델에서 비평가는 가령 유럽 문학에서 라틴어의 지속적인 중요성이나 19세기 여성 작가의 소외 등 특정한 주장을 식별해낸다. 그리고 비평가는 이러한 주장을 특정 관점(페미니즘, 마르크스주의, 탈식민주의 등)에서 탐구하며 자신의 이데올로기를 반영하기 위해 증거를 수집한다. 앞서 언급한 예로 돌아가보자면 불륜 모티프는 페미니즘의 관점에서 재고될 수 있다. 비교의 초점은 더이상 주제 자체가 아니라 그 주제를 다루는 방법론적 **접근 방식**이며 이는 결정적인 요소가 된다.

하지만 이 모델의 명백한 문제는 방법이 **선결** 요소가 될 수

> **상자 1. 모티프와 신화**
>
> 가장 널리 퍼진 비교문학의 형식은 다양한 언어에서 반복해서 등장하는 핵심 이미지나 이야기를 연구하는 것이다. 반복적으로 등장하는 라이트모티프나 신화의 일종인 이러한 요소들은 비교를 위해 이미 만들어져 있는 기성의 구조를 제공한다. 그 예로는 계몽주의 시대에 나타나는 지진 이미지나 19세기 문학의 방황하는 유대인 묘사를 들 수 있다. 이러한 요소들은 문화적 기억과 전통에 관한 폭넓은 성찰, 즉 무엇이 어떻게 묘사되는지만을 묻는 것이 아니라 왜 그렇게 묘사되는지를 묻는 데 유용한 연결고리 역할을 한다(그 예로 첫째, 1755년 리스본 지진과 이에 따르는 신을 향한 신앙의 상실, 둘째, 전 지구적 자본주의의 배후에 있는 유대인의 음모에 관한 편집증을 들 수 있다). 이러한 방식으로 수행되는 비교문학은 특정 시대와 장소가 어떻게 사고하는지를 보여줄 뿐만 아니라 문화사의 지속적인 대화 속에서 그것이 어떻게 자리잡는지를 엿볼 수 있는 창을 제공한다.

있다는 점이다. 페미니즘(또는 마르크스주의나 탈식민주의) 접근 방식을 선택하는 것은 이미 알고 있는 것을 보여주는 로르샤흐 테스트처럼 텍스트의 증거가 그 접근 방식을 반영하도록 편향될 수 있음을 의미한다. 물론 『안나 카레니나』, 『주홍글씨』, 그리고 『보바리 부인』을 19세기 여성 억압의 다양한 반영으로 비교할 수 있지만 그렇게 함으로써 자본주의의 결과나 자유 간접 화법 같은 문법 구조의 사용 등 다른 요소들도 암묵적으로 비교하게 된다. 다시 말해 하나의 방법은 다른 방법을 암시한다. 비교문학에서 흔히 그러하듯 핵심은 어디서 비교를 시작할지가 아니라 어디에서 멈출지를 아는 것이다.

비교의 주제적 접근 방식과 방법론적 접근 방식 둘 다에는 타당성에 관한 의문이 존재한다. 19세기에 발전한 고전적인 비교문학의 프랑스-독일 모델은(3장 참조) 비교를 위한 전제 조건으로 직접적 '영향'을 강조했다. 가령 실증적으로 식별할 수 있는 증거가 없으면 비교에 관한 주장은 타당하지 않은 것으로 간주되었다. 이는 여전히 중요한 비교 방법이지만, 비트겐슈타인Wittgenstein의 용어인 '가족 유사성family resemblances'을 중심으로 한, 더욱 유연한 형태의 논증으로 보완된 지 오래다. 서로 닮았다는 것은 서로에게서 유래했다는 것만큼이나 많은 것을 드러낼 수 있다. 이러한 원칙에 기반한 비교—사진의 출현에 대한 문학적 반응의 공유나 모더니즘 양식의 에로티시즘—에는 기여할 수 있는 바가 크다.

단순히 더하는 방식의 단편적인 논증이 아니라 연관성을 중심으로 한 논증을 가능하게 함으로써, 이러한 좀더 유연한 교류 모델은 대륙 간 비교를 가능하게 하는 데 일조해왔다. 더이상 한 텍스트나 작가가 다른 텍스트나 작가의 직접적인 참조 틀을 공유해야 할 필요는 없다. 영향 또한 오직 아카이

브와 원고를 통해서만 검증되어야 하는 것도 아니다. 고대 중국과 현대 프랑스 작가들은 공통적인 철학적 개념을 탐구함으로써 서로를 정확하게 밝혀낼 수 있다. 또 '역사의 아버지'라 불리는 고대 그리스의 헤로도토스Herodotos는 시대를 초월해 중국의 사마천司馬遷이나 아랍의 이븐 할둔Ibn Khaldun 같은 역사가들과 비교될 수 있다. 경험적으로 증명할 수 있는 것을 뛰어넘어 문학을 비교하는 권한을 갖는다는 것은 문제나 발상의 국제적 순환에 관해 더욱 광범위하고 개념적인 주장을 펼칠 수 있게 되었음을 의미한다. 이러한 접근 방식의 위험성—모호함, 중층 결정over-determination—은 자명하다. 하지만 그 잠재적인 이점은 상당하다. 중요한 것은 비교문학의 주제뿐만 아니라 방법을 재고하는 것이다.

시대 대 지역

주제나 방법의 선택을 넘어서 대부분의 비교 작업은 두 가지 기본적인 접근 방식, 즉 역사적 접근과 지리적 접근으로 나뉜다. 전자인 역사적 접근 방식이 시간을 뛰어넘어 종적으로 탐구한다면, 후자인 지리적 접근 방식은 문화를 가로질러 횡적으로 탐구한다. 이 두 비교의 범주를 비교하는 작업은 과거의 문학과 현재의 언어 사이에서 분열된 비교문학의 근본을 고찰하는 것이다. 실제로 가장 풍부한 연구가 이 둘의 혼합으로 구성된다면, 그것은 비교문학이 과거를 돌아보는 동시에 옆을 살피기 때문이다.

'이론' 시대 이후 인문학의 많은 분야가 그러하듯(4장 참조), 비교문학도 과거를 향한 열정을 재발견했다. '역사화하라!Historicize!'는 비교문학을 지향하는 사람들이 자주 받는 조언 가운데 하나이며, 그 이면에는 종종 '맥락화하라!contextualize!'라는 의미도 포함되어 있다. 다른 문학 시기에 특정 주제가 어떻게 출현하는지를 비교하려면—가령 낭만주의와 모더니즘에서의 걷기 개념이나 제2차세계대전과 인도 분할 독립 이후의 트라우마에 대한 반응—관련 텍스트뿐만 아니라 변화하는 문맥에 대한 감수성이 요구된다. 비교문학이 본질적으로 문학사의 형식에 지나지 않는다는 베네데토 크로체Benedetto Croce의 주장에는 어느 정도 일리가 있다. 하지만 이는 월트 휘트먼Walt Whitman의 자기 인식처럼 그 문학사가 다양성을 포함한다는 조건하에서만 그러하다.

달리 말하면, 비교에 대한 역사적 접근 방식은 그것이 특정 시기에 나타나는 몇몇 다양한 맥락을 의미하는 이상, 필연적으로 지리적 요소를 포함한다. 단일 문화에 머무르는 것은 비교를 문학사로 축소하는 크로체의 주장에 신빙성을 부여할 것이다. 왜냐하면 이는 단일 언어 전통 내에서도 충분히 수행할 수 있는 접근 방식이기 때문이다. 전술한 예로 돌아가, 낭만주의에서의 걷기 개념을 비교적 관점에서 연구하는 것은 루소에서 워즈워스Wordsworth, 괴테에서 레오파르디Leopardi에 이르는 여러 유럽 문학을 횡단하는 것이다. 적어도 학문적인 의미에서 단순히 워즈워스와 콜리지Coleridge를 비교하는 것이 아니다.

당연한 이야기 같지만, 비교문학이 무엇인지 정의하는 것만큼 무엇이 아닌지 명확히 하는 것도 도움이 될 수 있다. 종종 비교문학은 기존 학문 구조에 즉시 들어맞지 않는 문학, 더 나아가 문화에 대한 모든 접근 방식을 포괄하는 용도로 사용되는 경향이 있다. 마치 '비교'라는 용어 자체가 무엇이든 허용한다는 것을 암시하는 것처럼 말이다. 비교문학을 비교문학들이라고 부른다면 그 범위의 한계는 더욱 명확해질 것이다. 복수형이 비교문학의 다양성을 강조하고 적어도 문학의 두 가지 이상의 의미—혹은 실천, 전통—를 종합하려는 시도를 드러내기 때문이다. 시대를 초월해 역사적으로 사고하는 것은 이 복수성plurality을 강조하는 하나의 방법이다.

그렇다고 해도 시대 구분periodization 개념에 논란의 여지가 없는 것은 아니다. 이러한 시대 구분은 대학교의 문학 관련 학과에서 오랫동안 필수 조건이었다. 가령 임용이나 강좌도 '초기 근대'에서 '탈근대'까지 등 주로 시대에 따라 결정된다.

하지만 이러한 구분의 지적 기반은 제도적 기반만큼 견고하지 않다. 우선 각 시대 사이의 경계선을 어디에 그어야 하며, '후기 낭만주의'와 '빅토리아시대'처럼 중첩되는 범주는 어떻게 구분해야 하는가? 어떻게 하면 특정 시대에 대한 후대의 인식—즉, 그 시대에 대한 수많은 상투적 표현clichés이 축적된 결과—을 그 시기로 되돌려 투영함으로써, 신화를 비판하는 게 아니라 오히려 그것을 단순히 지속시키고 있지는 않은지 확신할 수 있을까? 독일어권 시인 라이너 마리아 릴케Rainer Maria Rilke가 명성은 새로운 이름 주위에 모여든 오해의 총합에 불과하다고 했듯 '시대' 개념도 마찬가지일 것이다.

비교문학은 역설적으로 이러한 오해를 더함으로써 논란을 해결하는 데 기여할 수 있다. 시대라는 개념은 어떤 객관적인 사실보다 과거와 현재의 수사적 구성의 총합에 더욱 부합한다. 그러나 바로 그 이유 때문에 수사적 구성이 더욱 파악되는—비교되고 대비되는—만큼 그 시대의 상은 더욱 완전해질 것이다. 문학 이론가 프랑코 모레티Franco Moretti가 **'시대정신의** 오류Zeitgeist fallacy'라고 지적한 문제를 극복하는 한 가지 방법은, 한 시대의 자기 인식을 이해할 수 있는 맥락적 증거로서, 나름의 통찰력을 제공하는 여러 국내외적 요인들의 표현으로서, 이 오류를 진지하게 받아들이는 것이다. (이 절에서 주로 언급하는 사례로서) 낭만주의를 하나의 시대적 범주로서 완전히 공정하게 평가하려면 사실상 비교문학자가 되어야 한다. 프랑스와 이탈리아의 주요 작품들은 영국과 독일에서 처음 낭만주의가 번성하고 한 세대가 지난 시점인 1820년대와 30년대에야 나타났으며, 부분적으로 영국과 독일의 선례에 대한 반응으로 형성되었기 때문이다.

이와 관련한 문제는 개별 작품을 시대별로 구분하려 할 때 발생한다. 우리는 '초기' 또는 '후기' 셰익스피어라는 표현을 아무렇지 않게 사용하면서도 이러한 범주 자체가 비평적 구성물이라는 점에 대해서는 깊이 생각해보지 않는다. 예컨대 우리가 현재 '로맨스극'이라고 부르는 『템페스트』, 『겨울 이야기*The Winter's Tale*』, 『심벨린*Cymbeline*』과 같은 후기 희곡들은 1870년대에 에드워드 다우든Edward Dowden이 연구를 시작하기 전까지는 별도의 그룹으로 자리잡지 않았다. 셰익스피어의 후기 스타일을 '엄숙하면서도 즐겁고, 평온하면서도 아름답다'라고 본 다우든의 관점은 후기 스타일에 관한 하나의 모델일 뿐이다. 하지만 이에 못지않게 테오도어 아도르노Theodor Adorno가 베토벤의 후기 작품에서 포착한 격렬하고 반항적인 양식도 마찬가지로 그럴듯한 모델인 것이다. 후기 스타일의 범주를 온전히 이해하기 위해서는 예술과 문화의 다양한 형식에서 나타나는 여러 양상을 비교해야 한다.

이러한 시대 구분 접근 방식은 비교문학자의 시야가 점점 더 확장됨을 시사한다. 하지만 최근 몇십 년간 실용적인 필요성으로 인해 오히려 특정 연도에 집중하려는 경향이 증가하고 있다. 버지니아 울프Virginia Woolf는 '1910년 12월경 인간 존재의 성격이 달라졌다'라고 주장했는데, 그러한 중대한 변화의 이유와 그 표현을 추적하는 것이 비교문학자의 주요 과제이다. 이와 같은 관점은 흥미로운 결과를 도출할 수 있다(이 방식으로 접근한 다른 연도로는 1913년, 1922년 그리고 1926년이 있다). 하지만 이는 집중하는 만큼 비평가를 연도라는 인위적인 제약에 가둘 위험이 있다. 그럼에도 기대치를 조정하기 위해서라도 어떠한 형태로든 시대 구분은 필수적이다. 테드 언더우드Ted Underwood가 『문학적 시대는 왜 중요했는가*Why Literary Periods Mattered*』(2013)에서 가장 상세히 논한 바에 따르면, '독자를 양성하는 문학의 힘은 사라진 시대를 생생하게 구체화하고 차별화해 그것들을 현재뿐만 아니라 서로 간에도 대비하는 데 달려 있다.' 비교문학의 힘은 이러한 시대를 서로 대비할 뿐만 아니라 서로 다른 국가적 전통에서 나타나는 각 시대의 다양한 버전들과도 대비하는 데 있다.

이는 내가 '지리적' 축이라고 부른, 지역과 언어를 가로지르는 축이 역사적 접근 방식만큼 중요하다는 말과 다름없다. 사실 지리적 축은 더 중요할 수 있다. 아랍과 인도, 유럽의 포스트모더니즘을 비교하는 것처럼 서로 다른 문화권만 살펴보는 비교문학적 접근 방식은 역사적 다양성을 고려하지 않고도 가능하지만, 반대로 비교문학이 오직 역사적 접근 방식(이는 단일 언어 전통의 범위에 해당하기 때문에)만으로 이뤄질 수는 없기 때문이다. 다시 말해, 비교는 과거를 돌아보기 전에 서로 다른 문화를 가로질러 살펴보아야 한다.

물론 '지역' 개념은 '시대' 개념만큼이나 논란의 여지가 있다. 비교문학의 큰 장점은—사실 이는 여러 측면에서 비교문학의 사명 선언문이기도 하다—비교문학이 광범위하고 상호문화적인 접근 방식을 통해 특정 국가나 지역에 대한 편견을 뒤흔들 수 있다는 것이다. 비교적 관점에서 장소place는 공간space이 된다. 라틴 아메리카나 인도 같은 지역에 관한 '초국가적transnational' 지역 연구는 이 대륙들의 역사와 문학이 유럽의 그것만큼이나 풍부하고 견줄 만하다는 것을 보여주었다. 그러나 이러한 연구들은, 영향력 있는 제목을 인용하자면, '대륙의 신화myth of continents'가 계속 우리의 메타지리적 범주를 제공하고 있음을 보여준다. 수사적 논증을 위해 비교문학자들은 '유럽', '서양', '동양', 또는 '아프리카'처럼 지역을 동질적인 문화적 전통으로 본질화해야 한다고 생각한다. 물론, 우리 모두는 이러한 범주들이 무엇을 의미하는지 대략적으로라도 알고 있지만, 비교문학자들은 바로 그 범주들을 해체하기 위해 그것들을 사용해야 하는 이중적인 딜레마에 빠지게 된다. 따라서 '유러피어니스트'나 '오리엔탈리스트'들은 자신들이 사용하는 지역적 용어와 양가적 관계를 맺고 있다. 이러한 용어는 지리적으로는 타당하지만, 문화적으로는 의심스러운 개념일 수 있기 때문이다. 다시 말해, 특정 전통에 관한 주장은 곧 그 전통을 비판할 권리에 대한 주장이기도 하다.

이러한 주장은 특정한 정치적 조건 안에서만 존재할 수 있음이 분명하다. 전후 유럽의 예만 들어도, 서유럽과 동유럽이라는 두 주요 축은 각각 고유한 매력을 발전시켰으며, 이는 비교의 주요 축을 결정짓는 데 영향을 미쳤다. 서유럽의 경우, 비교문학에서 프랑스-독일의 지배적 위치가 한 세기에 걸쳐 영미권의 헤게모니에 자리를 내주었다. 이는 문화적·정치적 권력 구조의 광범위한 현실을 반영하는 것, 특히 전 세계적으로 영어가 널리 사용되는 현상과 무관하지 않다. 월터 코언Walter Cohen이 그의 권위 있는 저서 『유럽 문학사*History of European Literature*』(2017)에서 보여주었듯이, 서유럽은 적어도 르네상스 이래로 자신의 성공에 희생되었으며, 형식과 내용에 대한 지역적 가정들—라틴어에 대한 지역 언어의 승리, 서사 문학의 점점 더 강력한 지배적 우위—이 전 지구적 대안을 희생시키면서 지역적 선호를 부각했다. 이러한 맥락에서 비교문학을 실천하는 행위에는 역방향의 식민주의적 열등감에 빠질 위험이 있다.

한편 동유럽에서 비교문학은 점차 소련을 중심으로 집중되었다. 가능한 한 많은 텍스트가 러시아어로 번역되었지만, 불가리아어나 폴란드어 같은 '소수minor' 언어 간에는 거의 번역되지 않았다. 이러한 중앙집중적 정책은 본질적으로 비교적 성격을 가진 지역에서 더욱 두드러졌다. 캐릴 에머슨Caryl Emerson과 갈린 티하노프Galin Tihanov와 같은 학자들이 보여주었듯이, 다언어를 사용하는 중부유럽은 문학 비교의 주요 이론들을 많이 배출해왔다. 이 지역과 관련된 여러 초국가적 용어 중 하나인 '슬라브' 문화는 항상 비교의 요람으로, 러시아에 지배받으면서도 프랑스와 독일의 서유럽적 권위에 끌려왔다. '중앙 유럽 정신의 비옥한 메타 역량fertile meta-capacities of the Central European mind'이 국가 주도의 단일 의제에 활용되어야 했다는 사실은 비교문학이 절대 권력의 영향력 아래 놓여 있음을 시사한다.

동유럽과 서유럽을 넘어 유럽 내 비교문학의 이러한 지역적 고찰은 남과 북으로도 확장될 수 있다. 북유럽의 경우, 비교문학은 스칸디나비아를 하나의 독립적인 대륙으로 간주하고, 그 역사의 대부분이 덴마크, 스웨덴, 노르웨이 문학 간의 비교에 할애되어왔다. 전자의 경우, 그리스-로마 유산에 의해 지중해가 '세계의 중심'으로 오랫동안 간주되어왔다. 독일에 전쟁 포로로 있으면서 『펠리페 2세 시대의 지중해 세계*La Méditerranée et le monde méditerranéen à l'époque de Philippe II*』(1949)라는 획기적인 저서를 집필한 페르낭 브로델Fernand Braudel 같은 현대 역사가들은 이러한 인식을 더욱 강화했을 뿐이다. 따라서 어떤 방식을 택하든 전체적인 요점은 명확하다. 하나의 지역적 범주(유럽, 서유럽)는 또다른 범주(중부유럽, 스칸디나비아)를 은폐한다는 것이다. 요컨대 비교문학자들은 범주를 구축하는 동시에 그것을 해체하는 작업에 평생을 바친다. 가장 풍부한 비교 연구는 역사와 지리, 시대와 지역을 전부 동원해, 이러한 양면성을 충분히 인식한 상태에서 이루어진다.

꼼꼼히 읽기 대 멀리서 읽기

그렇다면 이러한 양면성은 어떻게 드러나는가? 비교문학은 어떻게 비판적 범주를 구축하는 동시에 그것을 해체하는가? 비교문학의 전통적인 기반은 원어로 된 하나 이상의 문학을 해석하고 병치하는 데 있다. 비교문학자는 필요한 언어적 능력을 습득하고 주제를 결정한 후—이 결정은 필연적으로 유행과 권력 구조에 영향을 받는다—일반적으로 공통의 프레임(시대, 지역, 모티프 등) 내에서 서로를 조명하는 다수의 텍스트를 상호 교차하고 참조하는 작업에 착수한다. 치밀하고 엄격한 문헌학적 접근을 바탕으로 비교문학자는 한 텍스트를 철저히 분석하며 다른 텍스트의 반향을 찾아낸다. 구문, 구조, 논증, 관용구 등 이 모든 요소가 비교를 위한 단서를 제공할 수 있다. 문화적으로 호기심이 많고 텍스트에 관심이 많은 비교문학자는 한 작품이 다른 작품과 어떻게 공명하고 보완하며 혹은 모순되는지를 탐색하며, 이를 통해 작품이 표면적인 한계를 넘어 확장되는 방식을 모색한다. 유사성도 중요하지만 차이는 더욱 중요하다. 지금까지 의심하지 않았던, 해당 텍스트의 어떤 측면을 부각할 수 있기 때문이다. 무엇보다 세부 사항에 주의를 기울이면 시간, 방법 그리고 장소에 관한 더욱 폭넓은 논의를 이끌어낼 수 있다.

요약하자면 비교문학의 전통적인 기반은 꼼꼼히 읽기이다(상자 2 참조).

이러한 꼼꼼하고 문헌학적인 접근 방식은 궁극적으로 성서 해석의 권위에서 비롯되었으며 19세기와 20세기 전반에 걸쳐 거의 다른 문제 제기 없이 유지되었다. 태초에 말씀이 있었고, 곧이어 그 해석이 뒤따랐다. 권위는 본래 저자에게 속했고, 비평가는 텍스트에 순응했다. 가장 정통적인 비교 모델은 권위의 문제와 밀접하게 연결되어 있으며, '원본original'에 충실하면서 직접적인 영향이 확인되는 경우에만 비교를 허용한다. '오늘날 유럽 문학 운동을 설명하려는 사람들에게 가장 시급한 과제는 여러 세기에 걸친 국제적 관계를 최대한 정확하게 연구하는 것이다.' 이는 1898년 프랑스 비교문학자 조제프 텍스트Joseph Texte의 주장인데, 이러한 주장은 비교문학이 마땅히 몰두해야 할 과제로서 당시 지배적이었던 프랑스-독일 중심의 문헌학적 원전 탐구 모델을 보여주는 대표적 사례이다.

하지만 오늘의 상황은 이와 거리가 멀다. 이론적, 기술적, 그리고 무엇보다 문화적 변화가 독서 방식을 크게 변화시켰다. 1970년대와 80년대의 이론 전쟁은 저자의 권위를 약화시켰다(4장 참조). 롤랑 바르트Roland Barthes가 주장한 저자의 '죽음'이 과장되었더라도 비평가가 텍스트의 의미를 이론의 대가에 의존하게 함으로써 주요한 지위를 추구했다는 점에는 의심의 여지가 없었다. 한편 기술이 발전함에 따라 핵심어 검색과 인터넷 데이터베이스를 통해 방대한 텍스트를 비교할 수 있게 되었다. 그리고 전후 권위에 대한 복종—계급 기반의 무조건적 수용—이 사라진 것이 우리의 독서 방식을 변화시켰다는 점은 분명하다. 이제 우리는 모두 저자다.

비교문학에서는 이러한 변화들이 '멀리서 읽기distant reading'라는 개념의 출현으로 이어졌다. 2000년에 프랑코 모레티가 만든 이 용어는 원래 세계문학의 다국적 말뭉치multinational corpus of world literature를 다룰 때 불가피하게 간접적인 2차 자

상자 2. 꼼꼼히 읽기

1920년대에 영문학을 하나의 분과 학문으로 확립하는 데 공헌한 '실제 비평Practical Criticism'과 그후 1940년대에 미국의 '신비평New Criticism'과 관련된 꼼꼼히 읽기는 구문론, 문장 구조, 의미론적 모호성, 이미지뿐만 아니라 특정 단어의 맥락적 울림에도 주목한다. 비교적인 꼼꼼히 읽기는 이러한 기법을 여러 전통에 속하는 두 개 이상의 작품에 적용해, 텍스트의 미시적 분석이 문맥적 의미의 거시적 분석을 어떻게 가능하게 하는지를 탐구한다.

예를 들어 제1차세계대전에 반응한 각국 문학의 프리즘을 통해 제1차세계대전을 살펴볼 수 있다. 이러한 맥락에서 꼼꼼히 읽기는 루퍼트 브룩Rupert Brooke, 아우구스트 슈트람August Stramm, 기욤 아폴리네르Guillaume Apollinaire의 시를 비교하는 방식으로 이루어질 수 있다. 브룩의 소네트 「병사The Soldier」는 잉글랜드다움Englishness을 핵심적인 특성으로 내세우며—14행 중 무려 여섯 번이나 이를 언급한다—그는 심지어 죽음 이후에도 '이국 들판의 구석진 곳/그곳은 영원한 잉글랜드를 위한 곳임을some corner of a foreign field/That is for ever England'이라고 표현한다. 이러한 정서를 고려할 때 외국 문학과의 비교는 특히 중요해 보인다. 그러나 브룩의 전통적인 소네트 구조는 슈트람 시의 표현주의적 「절규scream」와 극명한 대조를 이룬다. 절규라는 제목의 시는 신조어와 왜곡된 구문—날들이 관이 되고 세계가 묘지가 되는Tage sargen/Welten gräbern—으로 시작해 일련의 한 단어짜리 행을 거쳐 '고통 고통/고통/고통스러움/무無 전부Wehe Wehe/Wehe/Wehen/Nichtall'라는 허무주의적 점층법으로 마무리된다. 이러한 시는 참호의 공포에 대한 의성어적 반응으로만 꼼꼼히closely 읽을 수 있다. 궁극적으로 아폴리네르의 「귀 안의 솜Du cotton dans les oreilles」은 여기서 한 걸음 더 나아가 포탄이 폭발하는 장면을 타이포그래피로 재현하고 시의 단어가 페이지 위에서 산산조각나는 모습을 재현한다(그림 3 참조). 즉 구문Syntax은 감정을 구현한다. 이것이 바로 꼼꼼히 읽기의 과제이다. 이러한 접근 방식은 물론 단일 언어 내의 텍스트에도 적용할 수 있지만 여러 언어의 텍스트를 비교해야만 전쟁에 대한 서로 다른 반응—영국에서는 감상적이고, 독일에서는 허무주의적이며, 프랑스에서는 엄청난 충격에 빠진—의 복합적인 의미를 제대로 이해할 수 있다.

료에 의존할 수밖에 없는 상황을 설명하기 위해 사용되었다. '단일한 직접적인 텍스트를 독해하지 않고' 진행되는 이 접근 방식의 힘은 '텍스트와의 거리에 직접적으로 비례한다'라고 모레티는 서술한다. 하지만 멀리서 읽기는 문학에 대한 디지털, 데이터 기반 접근 방식을 포괄하는 더 넓은 의미로 빠르게 변모했다. 이는 더이상 단어, 아이디어, 텍스트에 의해 결정되는 것이 아니라 그래프, 지도, 나무—2005년에 출간된 모레티의 책 제목을 인용하자면—에 의해 결정된다. 기존의 꼼꼼히 읽기 모델은 멀리서 읽기 모델로 진화했으며 이를 통해 영국, 일본, 이탈리아, 스페인, 나이지리아에서의 소설 등

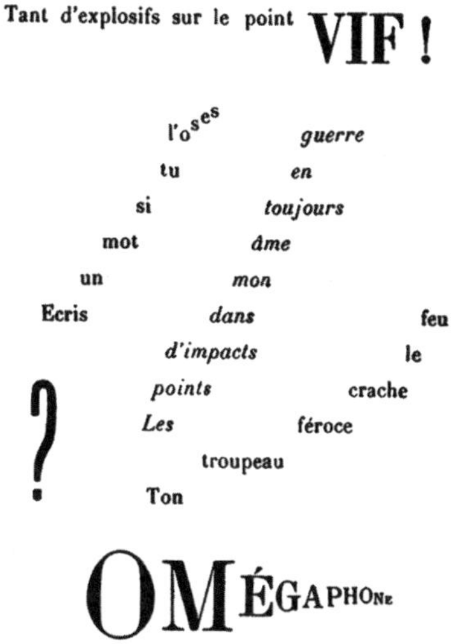

3. 전쟁의 충격적인 경험: 아폴리네르의 캘리그램 「귀 안의 솜」(1916)

장 과정을 추적할 수 있게 되었다. 빅데이터는 거대한 패턴을 생성했고, 소설의 '흥망성쇠'라는 은유는 물질적으로 가시화되었다.

비교문학의 관점에서 모레티의 모델은 칭찬받을 만한 점이 많다. 첫째, 이 모델은 번역 문제를 완전히 해결한다. 더이상 '원본' 텍스트로 작업하지 않는 것에 위축될 필요가 없다. 세계문학 개념이 계속 확장되는 시대에 이는 작지 않은 장점이다. 또한 이는 비평가가 연구하는 수많은 텍스트와의 피할 수 없는 거리감—지리적·문화적·언어적—을 최대한 솔직하게 드러낸다. 더이상 꼼꼼함은 간절히 추구해야 하는 비교의 기준이 아니다. 가장 중요한 점은 멀리서 읽기로 인해 이전 시대에는 분명히 학자 한 명만으로는 불가능했을 대규모 문학 연구가 이제 가능해지고 정당화되었다는 사실이다.

멀리서 보면, 문학의 운명과 유행이 새롭게 부각된다. 1800년부터 2000년까지 '비교문학'이라는 용어가 부상한 것을 생각해보기만 해도 알 수 있다(그림 4 참조).

구글 도서 코퍼스가 불완전하더라도(애초에 누군가는 책을 선별하고 분류해야 한다) 이러한 종류의 그래프는 비교문학이 하나의 학문 분야로 성장해온 과정을 생생하게—중요한 점은 이것이 **검증 가능하다는** 사실이다—보여준다. 모레티는 이러한 도구들을 망원경의 발명에 비유했으며 우리는 그 이유를 이해할 수 있다. 이러한 그래프는 비교의 조합을 탐구하는 데 사용할 수 있으며, 변화하는 추세와 패턴을 보기 위한 원거리 렌즈를 제공한다. 통계적 변동과 왜곡을 감안하더라도 이는 충분히 가치 있는 정보다.

그렇다면 왜 그렇게 많은 비평가가 꼼꼼히 읽기에서 멀리서 읽기로 전환하는 과정에 무언가 잃어버릴 위험이 있다고 느끼는가? 이에 대한 답은 아마도 멀리서 읽기 자체의 구체적인 특징보다는 그것이 재현하는 바에 있을 것이다. 멀리서 읽기가 텍스트의 세부 사항에 세심한 주의를 기울일 필요를 없애버린다고 말하는 것은 성급한 판단이다. 오히려 컴퓨터 검색과 데이터베이스는 특정 단어나 관용구를 연구하는 데 도움을 주기도 한다. 통계와 데이터를 해석하는 능력은 비교 문학자들에게 점점 더 중요한 기술이 되고 있다. 오늘날 윌리엄 엠프슨William Empson이나 레오 슈피처Leo Spitzer 같은 우수한 꼼꼼한 독자close reader가 살아 있다면 문학적 스타일을 분석하는 데 사용할 수 있는 모든 기술을 활용했을 것이다. 따라서 진정한 전환은 하나의 독해 모델에서 다른 모델로 넘어가는 것이 아니라 독서의 **목적**에 관한 관점이 한 모델에서 다른 모델로 넘어가는 것이다. 꼼꼼히 읽기는 텍스트를 그 자체로 권위를 가진 예술작품으로 분석하며, 비교적인 꼼꼼히 읽기는 텍스트를 서로 경쟁하는 다양한 권위 방식 사이의 관계로 탐구한다. 반면 멀리서 읽기는 텍스트를 보다 넓은 문학적·문화적 추세의 표현으로 간주하며, 그것을 형식, 장르, 그리고 개념의 진화 과정에 맞춰 지도를 그린다. 즉 꼼꼼히 읽기가 미학적이라면 멀리서 읽기는 궁극적으로 사회학적이다.

이러한 관점에서 이해한다면 문학의 위상에 큰 관심을 두는 비평가들이 '꼼꼼함closeness'을 지키려고 하는 것은 당연하다. 물론 부분적으로 이는 문학 전통의 문지기이자 해석자로서 자신들이 가진 특권적 역할을 방어하려는 표현이기도 하다. 그러나 동시에 이는 이러한 전통에 대한 신념의 표명이기도 하다. 이 전통에서 독서의 '꼼꼼함'은 논의중인 텍스트에 부여된 권위—예술적 권위뿐만 아니라 도덕적 권위까지—와 비례한다는 신념을 반영한다. 극단적인 상황에서 주요 작품의 문체 분석은 전통의 가치를 재확인하는 방식이 될 수 있으며, 이는 비교문학자에게 일종의 내적 망명이 되기도 한다. 가령 제2차세계대전이라는 역사적 배경 속에서 집필된 에리히 아우어바흐Erich Auerbach의 『미메시스 *Mimesis*』(1946)와 에른스트 로베르트 쿠르티우스Ernst Robert Curtius의 『유럽 문학과 라틴 중세*Europäische Literatur und lateinisches Mittelalter*』(1948)는 이러한 현상을 보여주는 대표적 사례일 것이다(3장 참조). 그러나 보다 일반적인 상황에서도 꼼꼼히 읽기는 주어진 텍스트뿐만 아니라 그 텍스트가 속한 더 넓은 전통과 가치에 대한 친밀감을 의미한다. 따라서 이는 비교문학자들이 '전통'이라는 개념을 어떻게 이해하고 적용하는지에 대한 중요한 질문을 제기한다.

정전 대 반反정전

1919년 청년 T. S. 엘리엇은 에세이의 서두에서 '영어 글쓰

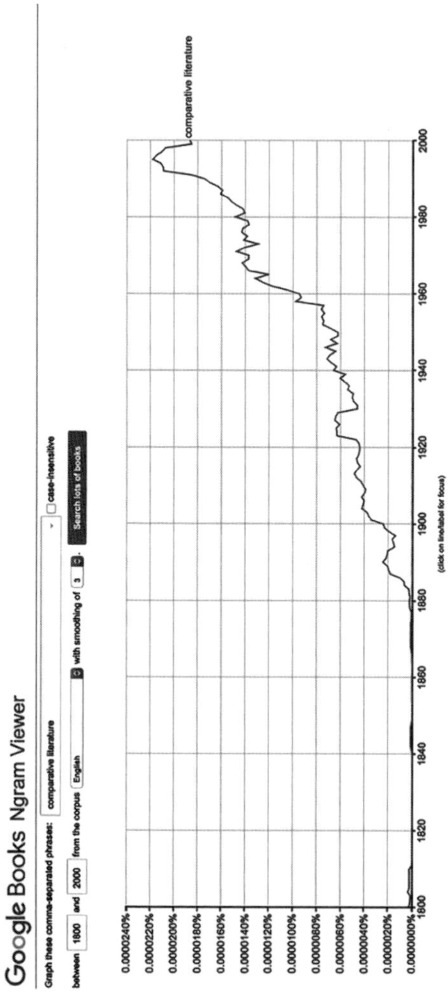

4. 1800년부터 2000년까지 영어로 쓰인 '비교문학comparative literature'의 인용

기에서 우리는 전통에 대해 거의 말하지 않는다'라는 놀라운 주장을 펼쳤다. 그러나 그로부터 한 세기가 지난 지금 비교문학 비평가들은 전통 이외의 다른 것에 대해서는 거의 언급하지 않는다고 해도 과언이 아니다. 엘리엇은 유럽의 전통이 한번 정해졌다고 해서 영원히 변하지 않는 것이 아니며, '개인의 재능'이 그 전통을 사후에 변화시킬 수 있다고 주장했다. 엘리엇 자신의 비평적 취향—밀턴보다 단테를 선호하고 형이상학파 시인들을 지지한 점—이 지속적으로 미친 영향이 이를 잘 보여주는 사례라 할 수 있다. 하지만 엘리엇이 어떤 개인적 선택을 했든 엘리엇의 문학적 영웅들이, 서양 전통의 많은 경우와 마찬가지로, 대체로 백인이자 남성, 그리고 구시대적 인물들이었다는 점은 부정할 수 없다. 그리고 21세기의 '전통'은 더이상 단순히 전통적인 방식으로만 이해될 수 없다.

서양 전통에 대한 비판, 즉 그 편견과 맹점에 대한 비판은 비교문학의 주요 활동 중 하나가 되었다. 사실, 지난 수십 년 동안 이루어진 전통에 대한 이러한 비판적 접근 방식은 비교문학 분야의 존재 이유임이 틀림없다. 비교는 암묵적으로 보상의 형태로 발전했으며, 인식된 문학적·문화적 불평등을 시정하는 방식으로 발전해왔다. 비교문학을 '한다'라는 것은 세계문학의 특정 영역이 주목받을 가치가 있음을 주장하는 것을 의미한다. 이런 점에서 비교문학은 전쟁터와 같으며 상반되는 주장과 반박이 난무하는 무인 지대와 다름없다. 페미니스트들에게는 이러한 전통 속에 여성 작가가 충분하지 않으며 탈식민주의자들에게는 '소수 민족'이 충분하지 않다. 번역학자들에게는 '소수' 언어가 충분하지 않으며 마르크스주의자들에게는 사회 현실의 재현이 충분하지 않다. 모든 입장이 동의할 수 있는 한 가지 점은 서유럽의 중간계급 남성들이 위대한 문학의 표준적 서사에서 지나치게 큰 비중을 차지해왔다는 사실이다. 역사는 승리자들이 썼다면 문학은 억압자들이 지배해온 것이다.

이러한 논쟁을 함축하기 위해 등장한 용어가 바로 '정전'이다. 이 단어가 성경의 '규율'이나 '법'에서 유래했다는 사실은 21세기 세속적 인문주의자들에게 의미 있는 도발이 아닐 수 없다. 우리는 더이상 종교적 권위에 무비판적으로 따르지 않으면서 왜 문학적 권위에는 따라야 하는가? 종교에서처럼 문학에서도 정전은 비평가를 대립하는 두 진영으로 양극화했다. 해럴드 블룸Harold Bloom이나 조지 스타이너 같은 보수적인 비평가들은 블룸이 '원한 학파'라 부르는 세력에 맞서 정전의 권위를 옹호한다. 반면 진보적인 비평가들은—굳이 이렇게 부르자면—정전의 권위가 정치적이고 문화적인 억압과 극심히 연루되어 있다고 비판한다. 정당성의 주요 판단 기준으로서 정치가 미학을 대신하는 것이다.

다행히도 이러한 논쟁은 이제 대부분 과거의 일이 되었다. 21세기에 비교문학을 실천한다는 것은 이러한 논쟁에 얽매이지 않으면서 그 혜택을 누리는 것이다. 이는 정전을 끊임없이 공격해야 한다는 강박 없이, 계속해서 확장되는 정전 개념 속에서 작업하는 것이다. 분명 정전은 여전히 비교문학에서 중요한 논쟁의 터전으로 남아 있지만, 20세기 말 수십 년간 이어졌던 극단적인 방식은 아니다. 대신 비교문학자들은 정전을 폐기하지 않고 재장전하는 방법, 즉 아이를 버리지 않고 목욕물을 가는 방법을 모색해왔다. 비교문학이 우리를 이런 혼란에 빠뜨렸다면 이제 비교문학은 우리를 이 혼란에서 구출하기 위해 최선을 다하고 있다고 말할 수 있다.

이를 위해 등장한 가장 주요한 방식은 세계문학이라는 방대한 개념으로, 이 개념의 가장 큰 장점은 정전에 이의를 제기하는 데 지나치게 에너지를 소모하지 않고 정전을 확장할 수 있다는 점이다. '세계' 문학은—적어도 21세기에 들어와서는—단순히 서양의 전통을 전 세계의 일부, 즉 다른 어떤 지역보다 더 중요하지도 덜 중요하지도 않은 위치에 재배치한다. 물론 정전을 둘러싼 논쟁은 유럽과 미국에서만 벌어지는 것이 아니다. 인도나 마그레브 지역에서도 독자적인 전통이 있으며 그에 따른 논쟁 역시 존재한다. 하지만 지난 20년 동안 정전에 대한 서양의 시각이 크게 확장되었다는 점은 분명하다. 이는 현재 세계문학 선집에 전 세계 곳곳의 작품과 크고 작은 모든 작가의 작품이 자연스럽게 포함된 것을 보면 알 수 있다. 진정한 의미에서 비교문학이 승리를 거두었다. 이제 우리의 논쟁은 끝난 것처럼 보인다.

그렇지만 성급하게 승리를 선언하는 것은 경계해야 한다. 미학적 기준은 개인적 관점에서든 문화적 관점에서든 언제나 주관적이기 때문이다. 만약 한 중국 작가가 세계적으로 명성을 얻는다면 이는 중국 비평가들이 그 작가를 높이 평가해서일까, 아니면 국제적(실질적으로는 주로 영어권) 비평가들이 높이 평가해서일까? 노벨상 위원회 같은 기관은 국제적 작가, 특히 덜 알려진 언어로 글을 쓰는 작가를 정전화하는 데 중요한 역할을 한다. 그러나 그들의 결정이 언제나 편파적이며 정치적이라는 건 말할 것도 없다. 국내가 아닌 국제적인 반응을 통해 성공을 거둔 작가들—예를 들어 수전 손택Susan Sontag이 W. G. 제발트W. G. Sebald의 '문학적 위대함'에 찬사를 보낸 최신 사례처럼—은 다른 어떤 것보다도 한 문화가 다른 문화에 대해 갖는 선입견을 드러낸다. 국제적으로 성공하기 위해서는—더 나아가 비교적으로 읽히기 위해서는—국제적으로 통용되는 자국의 이미지에 부합하는 것이 유리하며, 가급적 비판적이고 대립하는 방식을 취하는 것이 효과적이다.

이 논리에 따르면 문제는 세계문학을 연구하는 방식이 어떻게 실천되든 그것이 곧바로 세계적인 관점을 의미하지는 않는다는 사실이다. 미적 가치의 평가는 언제나 필요하며 이는 반드시 특정한 가치 체계를 전제로 한다. 정전은 새로운(진정으로 새로운) 예술작품이 도입됨으로써 수정될 수도 있다. 하지만 그 작품이 무엇인지 누가 말할 수 있는가? 어떤 문화적 판단도 이데올로기적 편향에서 완전히 자유로울 수 없다. 그리고 이는 문학의 정전에도 해당한다. 그것이 유럽적, 세계적 또는 행성 차원에서 이해되든 마찬가지다(4장 참조). 덴마크 비평가 마스 로센달 톰센의 정전적 '성좌constellations' 개념—문학적 힘의 장場이 가진 중력적 영향력을 이해하는 데 유용한 용어—을 통해 이미지는 행성 간 차원으로까지 확장된다. 그러나 여전히 이는 지구상의 특정 지점에서 망원경을 통해 바라보는 관찰자를 전제로 한다.

비교문학에서 현재 논의되고 있는 정전의 가장 뚜렷한 특징은 아마도 그 극심한 확장inflation일 것이다. 데이비드 댐로시David Damrosch가 정전의 세 가지 형태로 제시한 개념—'하이퍼 정전hypercanon'(주요 작가들), '반反정전countercanon'(과거에 주변화되었던 서벌턴subaltern의 작가들), 그리고 '그림자 정전shadow canon'(현재 주변으로 밀려난 소수자 작가들)—은 비교문학 연구에서 정전 이론이 얼마나 확산했는지를 보여준다. 실제로 오늘날 비교문학을 특징짓는 것은 정전에 관한 이론이라기보다 이론의 정전이다. 일부 연구자들에게 비교에 관한 이론적 논의는 마치 교리처럼 절대적인 권위를 가지게 되었다. 그 모든 아나키스트적 에너지를 가지고 있음에도 동시대 비교문학은 하나의 정전을 또다른 정전으로 대체할 위험에 처해 있는 것처럼 보인다.

이 지점에서 더욱 흥미로운 것은 정전 논쟁의 실질적 함의, 즉 비평적 선택을 미리 결정짓는 방식이다. 동시대 비교문학의 실천은 한 작가의 비평적 성취가 다른 작가의 평판 손실로 이어지는 제로섬 게임으로 나타날 위험이 있음을 시사한다. 결국 하루에 쓸 수 있는 시간은 한정되어 있고, 평생 읽을 수 있는 책도 제한되어 있다. 따라서 어떤 형태이든 정전은 실용적이라는 점에서 필요하다. 최소 연구만을 위해서라도 말이다. 흥미롭게도 진정한 위험에 처해 있는 것은 셰익스피어나 조이스 같은 위대한 백인 남성 작가가 아니라 전통적으로 '소수자' 작가로 묘사되어온 이들인 듯하다. 댐로시가 보여준 바와 같이—일종의 간접적인 멀리서 읽기 사례로—학술 출판물의 통계적 분석은 정전의 주요 작가들이 비교문학적 방법론과 연관될 때 오히려 이득을 얻는다는 점을 시사한다. 『어둠의 심연*Heart of Darkness*』의 초국가적 독해나 『템페스트』의 탈식민주의적 독해는 이제 너무도 흔하다. 이론적 붐에 의해 밀려난 것은 오히려 소수 작가들이다. 비주류 시인을 비교문학적으로 독해하는 연구를 기반으로 학문적 경력을 쌓는 경우는 거의 없기 때문이다. 다시 말해 역설적이게도 한 형태의 소수성을 주장하는 것이 다른 형태의 소수성을 밀어낼 위험을 초래한다.

그러나 정전 이론이 비교문학을 할 때 미치는 함의, 특히 애초에 왜 비교적으로 읽어야 하는지를 규명하는 측면에서는 아직 충분히 탐구되지 않았다. 서양 비평가가 신흥 아프리카 또는 아시아 작가를 국가적 맥락이 아니라 '국제적' 맥락에서 읽는다는 것은 무엇을 의미하는가? 플로베르 같은 유명한 작가를 프랑스 전통이 아니라 다른 국제적 리얼리즘 작가들과의 비교 정전 속에서 연구함으로써 무엇을 얻을 수 있는가? 정전 배후에 있는 정치적 편견에 아무리 민감할지라도, 보편적 인식을 강요함으로써 지역적 차이를 평준화할 위험은 언제나 존재한다. 즉 그 척도에는 신중한 조정이 필요하다. 모든 것에 적합한 단일한 기준은 존재하지 않기 때문이다.

따라서 정전에 대한 비교적 관점을 구축하기 위한 올바른 단일 전략이 존재하는지는 결코 분명하지 않다. 앞서 언급한 예를 들자면, 유럽 리얼리즘의 '위대한 작품'들에 집중해야 하는가? 아니면 덜 알려진, 경우에 따라서는 비유럽권 텍스트로 구성된 반정전을 연구해야 하는가? 전승받은 리얼리즘

'문학' 체계를 받아들여야 하는가, 아니면 리얼리즘과 문학이라는 개념 자체를 의문시해야 하는가? 일반적으로 반정전을 구축하기 위해서는 먼저 정전이 확립되어 있어야 한다. 하지만 그렇게 되면 결국 미리 규정된 '전통'에 문화적 우선권을 부여하는 셈이 된다. 요컨대 그러한 질문들에는 단 하나의 정답만 있는 것은 아니다. 하지만 질문을 던지는 일 자체가 이론과 실천 모두에서 비교문학의 핵심 요소이다.

장르 대 스타일

정전을 비판하는 것이 한 텍스트나 작가의 가치를 다른 것과 비교해 평가하는 과정이라면—이는 본질적으로 비교 작업이다—이를 수행하는 주요한 방법 가운데 하나는 장르와 스타일의 구성을 탐구하는 것이다. 장르나 스타일을 비교적 관점에서 고찰하는 것은 그것을 바라보는 우리의 시각을 미묘하게나마 변화시킨다. 각기 다른 언어는 각기 다른 장르적, 스타일적 관습을 가지고 있기 때문이다. 비교문학을 공부하는 학생들에게 장르와 스타일은 단순히 논지를 전개하기 위한 도구일 뿐만 아니라 문학이 무엇을 위한 것인지에 대한 형식적·역사적 개념으로 들어가는 통로이기도 하다.

장르 구분은 고대부터 존재해왔다. 전통적인 세 가지 범주—드라마, 서정시, 서사시—는 근대에 이르러 오늘날 우리가 알고 있는 주요 문학 장르, 즉 극, 시, 소설로 발전해왔다. 이러한 범주 내에서 희극과 비극이라는 기본적인 구분이 전통적으로 존재해왔으며 이는 일종의 표현 방식으로 작용해왔다. 우리는 데모크리토스Demokritos처럼 문학을 통해 세상을 보고 웃어야 할까? 아니면 헤라클레이토스Herakleitos처럼 그것을 보고 눈물을 흘려야 할까?

몽테뉴는 전자의 편에 섰을 수도 있으나 전통적으로 후자가 더 높은 지위를 차지해왔다. 감정의 위계에서 고통이 기쁨보다 우위를 차지해온 것처럼 눈물은 항상 웃음을 앞섰다.

비교문학적 관점에서 보면, 여기서 문제는 이러한 장르 구분이—그것이 진정으로 보편적인지와는 관계없이—우리의 미학적·정서적 반응을 미리 결정짓는다는 점이다(상자 3 참조).

어떤 장르 안에서 연구한다는 것은 일련의 선례, 편견 그리고 전제를 기반으로 연구하는 것을 뜻한다. 심지어—특히—이러한 관습을 타파하려는 의도가 있다고 하더라도 이러한 관습에 대한 최소한의 지식 없이 우리는 텍스트를 읽을 수도 쓸 수도 없다. 수용미학자 한스 로베르트 야우스Hans Robert Jauss의 개념에 따르면, 우리는—스타일, 주제, 개념, 심지어 타이포그래피적—'기대 지평horizon of expectation' 안에서 글을 읽으며, 그 지평 없이 문학과 의미 있는 소통을 하기란 거의 불가능하다.

폭넓은 시야를 지닌 비교문학자에게 이는 흥미로운 딜레마를 야기한다. 조지 스타이너가 그의 초기 저서(1961)에서 주장한 바와 같이 '비극의 죽음'을 선언하려면, 상당히 광범위한 참고 자료가 필요하다. 하지만 동시에 이러한 자료들을 해당 장르의 관습(특히 이 경우에는 고대 그리스에서 유래한 관습)과 비교하고 조정하는 과정 또한 마찬가지로 필요하다. 머리나 워너Marina Warner가 동서양의 동화와 마법 이야기를 비교하려면, 이러한 이야기들이 액자식 구성이나 사악한 마녀 같은 특정한 스타일적·주제적 유사성을 공유해야 한다. '서정시'를 보편적 범주로 간주한 최초의 학자인 윌리엄 존스 경Sir William Jones, 1746~1794조차도 페르시아 시에 유럽의 기준을 적용해야만 그렇게 할 수 있었다(심지어 그는 고전 아랍 시를 라틴어로 번역하기도 했다). 즉, 장르는 시대와 장소에 따라 다른 의미를 지닐 수 있다. 따라서 특정 장르나 양식의 프리즘을 통해 비교문학을 실천하는 것은 기대의 지평에 제약을 받으면서도 예시의 지평을 넓히는, 섬세한 균형이 필요한 작업이다.

더 쉽게 말해 장르 범주는 종종 연구 범위를 제한하거나 집중하는 수단으로 사용되는데, 이는 자칫 임의적으로 보일 위험이 있다. 그러나 자연주의 연극이나 낭만주의 서정시 연구가 실제적 일관성practical coherence 이상의 의미를 갖는다면 그것은 바로 이러한 연구가 특정한 형식적, 정서적 연관성을 수반하기 때문이다. 예를 들어 전자의 경우 입센과 스트린드베리의 스칸디나비아적 특징을, 후자는 분노한 젊은이들의 질풍노도Sturm und Drang를 연상시킨다. 비교문학자는 서로 다른 문화적 차이를 강조함으로써 그러한 연관성에 맞설 수 있지만 자신의 연구 영역을 확보하기 위해 그것과 함께 작업해야 하기도 한다. 비교문학은 상투적 표현을 부정하는 만큼이나 그것을 필요로 한다.

한편 스타일적 관습은 비교문학자에게 도움이 될 수도 있고 방해가 될 수도 있다. 이러한 관습은 시대적 차원(낭만주의 서정시, 사실주의 소설) 혹은 수사적 차원(유기적 이미지의 반복, 자유 간접 화법의 사용)에서 작용하지만 언제나 내용 자체보다는 글쓰기 방식과 더 연관되어 있다. 따라서 스타일적 관습은 정치적 근거보다는 미학적 근거에 기반을 둔 비교문학 모델을 제시한다. 이는 스타일적 선택이 이데올로기적 선택이 될 수 없다는 말은 아니다. 가령 라틴어가 아니라 지역 언어로 글을 쓴 단테의 결정은 철저히 이데올로기적으로 동기화된 것이었다. 하지만 스타일적 선택을 비판적으로 평가할 때는 필연적으로 기술적, 미학적 성취가 중시된다. 누군가가 특정

상자 3. 장르 이론

장르적 관습이라는 개념을 중심으로 상당한 이론적 작업이 형성되어왔다. 독자가 주어진 텍스트에 대해 가지는 기대를 조절해온 이러한 관습은 확인되거나, 좌절되거나, 전복될 수 있다. 하지만 좋든 나쁘든 이러한 관습은 모든 문학적 상호작용을 구조화한다. 가령 소설을 읽을 때 우리는 '불신을 유보'하며 자서전을 읽을 때는 진실을 기대한다(하지만 유대인 대학살에 관한 거짓 회고록처럼 이 기대가 깨지는 순간 우리는 불편함을 느낀다). 우리가 장르와 상호작용하는 방식은 종종 자신도 모르게 유사성과 차이라는 비교 메커니즘에 의존한다. 특정 텍스트를 읽을 때 우리가 텍스트에 기대하는 바는 이전에 읽었던 같은 장르 텍스트를 통해 미리 형성되어 있기 때문이다. 문학의 비평적·상업적 구성은 전부 이러한 기존의 장르 구분 안에서 끊임없이 자신을 위치시키며, 경우에 따라 이를 확인하거나 왜곡한다. 따라서 한 책이 다른 책과 '비슷하다'라고 말하는 것은 결국 장르라는 범주를 기반으로 한 비교 행위인 셈이다.

방식으로 글을 쓰는 **이유**를 이해하려면 먼저 그가 **어떻게** 글을 쓰는지를 이해해야 한다.

이러한 스타일적 선택에 관한 고전적 연구로 호메로스에서 버지니아 울프에 이르기까지 다양한 차원의 스타일에 집중해 리얼리즘 양식을 추적한 아우어바흐의 『미메시스』가 있다(3장 참조). 고전 문학부터 중세, 근대 문학에 이르기까지 아우어바흐는 스타일의 변화가 유럽 문학의 발전을 어떻게 이끌었는지 보여준다. 특히 그는 특정 이야기나 환경이 반드시 특정 스타일을 따라야 한다는 생각에 지나치게 집착하는 작가들을 비판한다. 예를 들어 희극에서는 '저급한low' 언어 사용역을, 비극에서는 '고급high' 언어 사용역을 써야 한다는 고정관념에 의문을 제기한다. 아우어바흐는 오히려 스타일의 혼합을 지향한다. 인간 조건에 대한 반응으로서 소박한 것과 숭고한 것은 전부 필요하다. 수사 역시 현실적이어야 한다.

고전의 수용에서 식민적 모방까지, 중세 전례에서 근대 문학까지 스타일의 꼼꼼히 읽기는 비교문학의 근간을 형성한다. 이러한 독해는 비교를 가능하게 하는 공통된 장르적 틀을 전제한다. 셸던 폴록Sheldon Pollock이 산스크리트 문학에 대해 언급했듯, '세계적 공간 안에서 지역적 스타일로 간주되는 문학 양식'은 비교의 전제 조건이다. 즉 희극이나 비극 같은 특정 문학 장르에는 다양한 스타일(고급스럽거나 저급한, 정중하거나 저속한)이 포함될 수 있으며, 이러한 스타일을 비교함으로써 사회적·문화적 지위에 관한 주제적 통찰을 얻을 수 있다. 무엇보다도, 스타일이 단순히 스타일에 그치지 않고, 비교가 단순한 비교를 넘어 그 부분들의 합보다 더 큰 논지를 생성하려면, 설명하는 대상과 인위적인 관계가 아니라 유기적인 관계를 맺어야 한다. 텍스트의 의미가 형식과 내용의 끊임없이 변화하는 관계에서 생성된다면, 결국 가장 뛰어난 비교도 마찬가지로 그런 방식으로 이루어진다.

작가 대 독자

하지만 결국, 가장 뛰어난 비교문학자들은 누구인가? 학문으로서 비교문학은 주로 비평가들의 전유물로 발전해왔지만, 실천으로서의 비교는 작가들의 특권이기도 하다. 비교는 작품을 읽은 후 단순히 독자의 머릿속에서 이루어지는 것이 아니라 글을 쓰는 과정에서 이미 작가의 머릿속에서 시작된다. 비교문학은 비판 이론만큼이나 창의적인 행위이다. 작가는 종종 자신의 작품이 비교적 접근을 통해 읽힐 것을 예상하고 이를 유도하기도 하는데, 엘리엇이 『황무지』(1922)에 덧붙인 주석이 그 대표적 사례다. 이는 독자들이 필연적으로 광범위하고 다언어적인 시각을 취할 수밖에 없게 한다. 또한 작가는 비교의 구조를 전제로 삼기도 한다. 예컨대, 몽테스키외Montesquieu의 『페르시아인의 편지*Lettres persanes*』(1721)와 괴테의 『서동시집*West-östlicher Divan*』(1819)은 의도적으로 '아시아적' 관점을 채택해 당대 유럽을 비판적으로 고찰하고자 한다. 그러나 이 두 작품조차도 서로 비교되고 대조되어야 한다. 몽테스키외는 페르시아인의 페르소나를 단순히 프랑스를 낯설게 하는 수단으로 활용한 반면, 괴테는 이슬람 문화 그 자체에 진정으로 관심을 가지고 있었기 때문이다. 극단적으로 말하면, 문학이라는 개념 자체가 본질적으로 비교적이라고 볼 수도 있다. 왜냐하면 문학은 잠재적으로 무한히 다양한 시대와 장소를 포함할 수 있기 때문이다. 즉 문학은 비교의 장場이기도 하다.

이러한 방식으로 이해하면, 비교문학을 '한다는 것'은 새로운 의미를 갖게 된다. 가장 근본적인 차원에서 그것은 단순히 글을 쓰는 행위이며, 기존의 참조와 관계의 틀 안에 자신을 위치시키는 것을 의미한다. 부분적으로 이는 많은 작가가 비평가이기도 하다는 사실에 기인한다. 가령 엘리엇에게 있어 어떤 시인도 단독으로 완전한 의미를 가질 수 없다. '대조와 비교를 위해 그를 죽은 자들 사이에 놓아야 한다.' 더욱이 창작 과정 자체에서도 비교는 의미를 부여하는 데에 중요한 역할을 한다. 새로운 단어와 아이디어는 필연적으로 기존의 단어와 아이디어에서 파생되기 때문이다. 에즈라 파운드Ezra Pound가 말했듯 '모든 시대는 동시대적이다.—그리고 이는 특히 문학에 있어 더욱 그러하다.'

만약 문학이 본질적으로 비교적이라면 그것은 문학이 과거, 현재, 미래를 융합하고, 때로는 상충하는 수많은 문화적 관점을 결합하는 압축기compressor로서 기능하기 때문이다. 물론 이것이 항상 동일한 정도로 나타나는 것은 아니며 어떤 스타일과 시대는 다른 것보다 더 비교적 특성을 갖는 것처럼 보인다. 가령 앞서 언급한 모더니즘의 전형적인 사례로서 엘리엇과 파운드는 오늘날 점점 더 **전 지구적** 모더니즘으로 이해되고 있다. 그리고 확실히 영미권에서 모더니즘적 방식은 무엇보다 집요할 정도로 상호텍스트적이었는데, 이는 전후 국제주의를 강조하는 방식으로 형성되었다. 살인적인 참호전에 지친 유럽 지성은 새로운 영감을 얻기 위해 더욱 먼 곳, 가령 엘리엇의 경우 인도, 파운드의 경우 중국으로 시선을 돌리기 시작했다. 이후 이들이 얻은 명성과 영향력까지 포함해 이들의 시는 이러한 대륙 간 융합 없이는 상상도 할 수 없다.

그러나 이러한 비교문학적 기법은 새로운 것이 아니었다. 예를 들어 최초의 근대 소설은 그 자체의 혼종성을 장난스럽게 강조하거나 가장한다. 세르반테스는 『돈키호테』에서 이 소설은 역사가 시데 아메테 베넨헬리Cide Hamete Benengeli가 아랍어로 쓴 판본을 번역한 것이라고 주장한다(그림 5 참조). 물론 그러한 인물은 실존하지 않았으며, 이 이름은 '가지를 먹는 아미드 경' 정도의 의미를 지닌다. 그러나 세르반테스는 이 가공의 인물을 통해 스페인의 '세 문화'에 관한 당대의 논쟁 속에 자신의 소설을 삽입한다. 1492년에 유대인이 추방된

데 이어, 1609년부터 1614년까지 무어인들도 추방되었다. 이는 곧 『돈키호테』 1권과 2권 출간 사이에 발생한 일로 결과적으로 스페인에는 유대교와 이슬람교에서 강제로 개종한 '새로운' 기독교인들과 기존 기독교인들만 남게 되었다. 세르반테스의 작가적 기교는 황금시대 스페인의 다문화적이고 종교 간 교류가 활발했던 전통에 주목하게 하며, 그의 소설을 국가의 칙령에 대립하는 위치에 배치한다. 두 언어로 구성된 비교문학적 텍스트를 암시하고 거기에 희극적 요소를 가미함으로써 세르반테스는 권력을 효과적으로 풍자하고 있었다.

따라서 번역의 본질에 대한 놀라운 성찰을 위해 호르헤 루이스 보르헤스가 세르반테스의 명작을 '프리텍스트pretext'—즉, 표면적인 구실이자 숨은 텍스트라는 두 가지 의미에서—로 삼은 것은 우연이 아니다. 단편소설 「피에르 메나르, 돈키호테의 저자Pierre Menard, autor del Quijote」(1939)는 풍자적이면서도 교훈적이다. 메나르의 기발한 발상은 세르반테스의 『돈키호테』를 스페인어에서 스페인어로 토씨 하나 틀리지 않게 번역하는 것이다. 보르헤스는 진지한 태도로, 메나르의 『돈키호테』와 세르반테스의 『돈키호테』를 비교하는 것이 얼마나 새로운 통찰을 제공하는지 언급한다. 세르반테스가 17세기 초에 '역사는 진리의 어머니'라고 썼을 때, 보르헤스는 이를

'역사에 대한 단순한 수사적 찬사'로 해석하는 반면 20세기에 메나르가 같은 문장을 제시하자 '놀라운 발상'이라고 환호한다. 이렇게 메나르는 『돈키호테』의 번역가가 아니라 저자가 된다. 번역, 수용, 비교문학의 문맥적 편향에 대한 논평으로서, 가상의 프랑스인이 스페인 고전을 다시 쓴다는 아르헨티나 작가 보르헤스의 이야기는 천재적인 발상이다. 그러나 동시에, 이 작품은 그 자체로도 비판적 시각과 창의적 열정을 결합한 비교문학적 작업이기도 하다.

보르헤스의 이야기는 비교의 근대적 형식들에 따라 점점 더 증가하는 자기 인식을 보여준다. 교양 있는 작가들은 자신의 근대적 혹은 탈근대적 '조건'을 인식할 수밖에 없다. 동시대에 글을 쓴다는 것은 문학의 역사뿐만 아니라 문학을 비교하는 방식의 역사 속에 자신을 위치시키는 행위이기도 하다. 탈식민주의 문학은 이러한 현상을 나타내는 중요한 예를 제공한다. 인도의 아미타브 고시Amitav Ghosh나 케냐의 응구기와 티옹오Ngũgĩ wa Thiong'o 같은 동시대 작가들은 제국주의 유산을 꿰뚫어보는 훈련을 받아왔으며, 자신들의 조건에 관한 주요 이론들을 충분히 인식한 상태에서 글을 쓴다(응구기는 이제 다시 자신의 '지역' 언어인 기쿠유어Gikuyu로 집필할 정도다). 21세기의 많은 글쓰기가 '디지털 태생'인 것처럼 일부 텍스트는 '혼종적으로' 혹은 번역된 상태로 태어난다. 1986년 응구기의 기념비적인 연구 제목을 빌리자면, '정신의 탈식민화'란 그 자체로 철저히 자의식적인 과정이다. 유럽과 아프리카, 특히 아프리카 내 다양한 민족들을 비교하는 작업은 애초부터 깊은 이론적 토대 위에서 이루어진다.

따라서 작가의 관점에서 비교문학을 고찰할 때 다양한 수준의 자의식을 구별하는 것이 유용할 수 있다. 독자가 비교하고 대조하도록 **의도적으로** 유도하는 글쓰기(모더니즘, 포스트모더니즘, 탈식민주의 모델)와, 무의식적으로 비교 가능한 상황 속에 글을 위치시키는 글쓰기(이를 사실주의 모델이라 부를 수도 있지만, 일반적으로 문학사의 광범위한 영역에 적용될 수 있다) 사이에는 중요한 차이가 존재하기 때문이다. 전자의 경우, 작가가 비교를 의도적으로 유도하는 반면, 후자의 경우 독자가 수용적인 토대 위에서 스스로 비교를 수행한다. 이러한 점에서 상호텍스트성은 가장 강력한 형태의 작가적 비교 방식일 수 있으나 이것이 유일한 방식은 아니다.

이 모든 것은 작가 또한 독자이며, 무엇보다도 자기 작품의 첫번째 독자임을 뜻한다. 그중에서도 국제적인 시야를 지닌 작가들—모더니즘 작가들이나 탈식민주의 작가들—이 가장 뚜렷하게 비교적 시각을 드러내지만, 모든 작가는 암시적으로든 명시적으로든 다른 문학 형식과 자신을 비교하고 대조하는 작업을 수행한다. 해럴드 블룸의 유명한 표현인 영향에

5. 번역의 발명: 『돈키호테』의 가상 아랍인 저자

대한 불안은 곧 비교에 대한 불안이기도 하다. 이는 자신의 작품을 타인의 작품과 구별하려는 끝없는 시도이며, 역설적으로 그러한 타인의 존재 없이는 자신의 작품 또한 존재할 수 없다는 사실을 내포한다. 의식적으로 비교하든 그렇지 않든 문학은 유사성과 차이의 춤이며, 그 춤의 곡조를 설정하는 것은 독자가 아니라 작가다.

따라서 비교문학의 실천과 원리는 창작자와 비평가 두 관점에서 바라보는 것이 바람직하다. 창작 자체가 본질적으로 비교의 과정임을 강조하는 각색이나 '예술 분야 간inter-art' 연구와 같은 혼성 형식의 중요성이 점점 부각되고 있다는 사실은, 이러한 이중적 관점이 비교문학의 핵심으로 부상하고 있음을 시사한다. 독자는 작가 없이 비교할 수 없고, 작가는 독서 없이 비교할 수 없다. 이러한 근본 원칙 위에 비교문학의 다양한 실천들이 놓여 있다.

제 3 장

역사와 영웅들

하나의 실천으로 이해되는 비교문학은 거의 문학 자체만큼 오래되었다. 그리스-로마 시대의 고전 문화에는 고유한 비교 구조가 내재되어 있다. 라틴 문학은 그리스 문학과의 종종 불리한 비교를 통해 대단한 발전을 이루며, 그리스 문학을 되돌아보는 베르길리우스, 호라티우스, 오비디우스와 같은 작가들의 자의식은 아마도 실제로 행해진 비교문학의 가장 초기 사례를 제공할 것이다. 이후 수 세기 동안 수많은 비교 연구에 소재를 제공할 그리스 신화는 여기서 최초의 낯선 맥락화, 즉 망명, 귀환, 변신을 통해 텍스트의 모티프이자 문맥의 은유로 작용하며, 이야기와 사상이 어떻게 순환하는지를 이해하는 방식으로 등장한다. 비교의 역사로서의 유럽 문학의 역사가 시작되는 것이다.

하지만 근대에 이르러서야 비교문학이 자의식을 지닌 분과 학문으로 등장했다면, 비교문학의 진정한 힘은 유럽 너머를 볼 때에만 분명해진다. 서양의 관점에서 볼 때, 비교문학의 역사는 유럽 문학이 유럽 내에서 비교되어온 역사, 유럽 문학이 유럽 밖의 다른 문화와 비교되어온 역사, 유럽 밖의 문학(이집트, 페르시아, 아랍, 중국)이 서로 비교되어온 역사 등 세 가지 범주로 나눌 수 있다. 이 장에서는 주로 서양, 유럽의 이야기에 주목하고 있지만(좋든 나쁘든 비교문학을 하나의 분과 학문으로 구성한 것은 주로 이 이야기이기 때문이다), 비유럽인들도 오랫동안 비교를 실천해왔다는 사실을 기억하는 것이 중요하다. 페르시아에서 일본에 이르기까지, 전근대부터 탈근대에 이르기까지 비교는 순전히 유럽인들만의 특권은 아니었다. 캐런 손버Karen Thornber의 연구 결과에서 알 수 있듯이 거의 틀림없이 20세기 초 중국, 한국, 타이완 독자들은 유럽 독자들보다 훨씬 더 비교적이었다. 일본 문학 제국과 비교하고 경쟁하느라 분주했기 때문이다. 아시아 비평가들은 자신들에게 비교하는 방법을 알려줄 유럽인들을 필요로 하지 않았다.

이러한 방식으로 비교문학자들을 비교하면 서양의 비교문학에 대한 더 광범위한 교훈, 즉 국가를 구성 요소로 사용함으로써 비교문학이 미리 결정되었다는 것을 알 수 있다. 1648년에 확립되고 19세기에 걸쳐 보편화된 사상인 국가 주권이라는 근대적, 탈베스트팔렌적 국민 국가 개념에 대응하여 비교문학은 스스로를 국제적이라고 주장했다. 하지만 그렇게 함으로써 비교문학은 극복하고자 했던 바로 그 사상에 스스로를 묶어버렸다. 비교는 이제 언어 간 비교가 아닌 국제적 비교로 정의되었기 때문이다. 학문적 관점에서 보면 비교문학이 그렇게 해야 할 이유는 없다. 라틴어나 아랍어와 같은 **링구아 프랑카**를 매개로 한 세계시민주의의 전근대적 관행은 국가 간 비교와 마찬가지로 언어 간 비교도 쉽게 떠올릴 수 있음을 보여준다. 하지만 정치적으로 말하자면 유럽 모델의 보편화는 국제적 비교, 즉 국가 간 비교를 비교문학의 기본 설정으로 자리잡게 했다. 셸던 폴록이 지적했듯이, 국가적 서사는 '1세대 재현의 존재, 즉 언어가 있어야만 가능한 2세대 재현'이다.

비교문학에 관한 유럽적 개념의 특수성이란, 유럽의 주요 국가들이 '식민지'로 인식되던 다른 대륙에 대해 점점 더 공격적인 팽창주의 정책을 추구하며 대외적으로 발전하기 위해 내부적으로 경쟁하던 시기에 근대적 의미의 비교문학이 등장했다는 점이다. 이러한 영향력이 역으로 작동하면서—아시아, 아프리카, 아메리카의 문학 개념이 유럽 모델을 구성하는 데 도움이 되는 등—비교문학은 대륙 간 기획으로 발전했다. 19세기 제국 건설부터 20세기 유대인 디아스포라, 21세기 탈식민주의적 문화 전쟁에 이르기까지 비교문학의 문제와 편견은 근대성의 문제와 편견에 대한 문화적 대응을 형성해왔다. 이러한 맥락에서 비교문학의 역사를 이해한다는 것은 비교문학이 중요한 이유를 이해하는 것이다.

비교 문헌학

1872년, 대영박물관에서 일하던 무명의 독학 언어학자가 역사를 다시 썼다. 조지 스미스George Smith는 기원전 2500년 이후에 편찬된 일련의 설형문자 석판을 발견하고 무엇보다도 해독했는데, 이 석판에는 현존하는 가장 오래된 문학작품으로 여겨지는 이야기가 담겨 있는 것으로 밝혀졌다(그림 6 참조). 고대 메소포타미아(현대 이라크)에서 사용되던 수메르어의 이형異形인 아카드어로 쓰인 『길가메시 서사시』는 성경 창세기에 나오는 대홍수 신화를 확증하는 것 같다는 측면에서 반향을 불러일으켰다. 스미스는 이 이야기를 성경과 비교함으로써 대홍수에 대한 독립적인 확증을 찾았다고 주장했고, 빅토리아시대 사람들은 이제 기독교 세계관을 정당화할 수 있는 과학적인 방법을 갖게 되었다. 일간지 〈데일

6. 대홍수, 그러나 우리가 아는 것처럼은 아닌. 『길가메시 서사시』, 대영박물관

리 텔레그래프*The Daily Telegraph*〉에 실리고 윌리엄 글래드스턴William Gladstone 총리를 비롯한 청중에게 발표된 스미스의 발견 – 이는 지질학 및 진화론 혁명의 결과로서 등장했다 – 은 창조론 논쟁에 새로운 자극을 가했다. 비교의 힘은 그 어느 때보다 분명해 보였다.

고고학, 문헌학, 문학 연구, 그리고 문화사 사이 어딘가에 있던 초창기 비교문학의 위상은 스미스의 『길가메시 서사시』라는 믿기 힘든 이야기에서 생생하게 드러난다. 한편으로 지적 성취는 놀라우며, 문체와 주제의 세부 사항 비교는 통찰력이 있으며, 당연히 사변적이다. 예컨대 스미스는 성경에 나오는 대홍수의 '내륙' 버전과 석판에 나오는 '해상' 버전을 구분하며, 서사시의 주인공을 위대한 그리스 고전 영웅 헤라클레스와 비교한다. 한편, 지적 성취 외에도 스미스의 『길가메시 서사시』에 대한 빅토리아시대의 수용은 대영 제국의 그리스-로마 시대적, 기독교적 프리즘을 통해 모든 것을—심지어 동떨어진 시간과 장소의 문화 유물까지—해석하려는 당시의 인지적 편견을 보여준다. 다시 말해, 1872년에 이르러 비교문학은 문화 식민주의라는 광범한 계획의 일부가 된 것이다.

어떻게 이 지경에 이르렀던 것인가? 이 질문에 답하기 위해서는 1800년경 비교문학의 뿌리로 거슬러올라가야 한다. 왜냐하면 『길가메시 서사시』의 이야기는 비교 문헌학의 정신에 비교문학이 얼마만큼 뿌리를 두고 있는지를 시사하기 때문이다. 언어의 역사적 텍스트와 맥락에서 언어를 연구하는(상자 4 참조) 문헌학은 19세기 초 크게 번성했다. 현장 조사의 대상이 되는 완전히 새로운 대륙들을 식민주의가 열어

젖혔기 때문이다. 근대 유럽 언어와 고대 동양 언어 간의 비교는 피할 수 없는 일이 되었다. 윌리엄 존스 경과 같은 초창기 오리엔탈리스트들은 영국령 인도에서의 경험을 바탕으로 유럽 언어와 '아시아' 언어가 '원시 인도유럽어'로 알려진 원어原語에서 공통의 뿌리를 갖는다고 주장했다. 당연히 존스와 그의 추종자들은 페르시아어, 아랍어, 산스크리트어 등 고전 아시아 언어와 라틴어, 그리스어 등 고전 유럽 언어 간의 유추도 시도했다. 이제 인도 식민지가 영국에 갖는 의미는 브리타니아 식민지가 로마에 대해 갖는 의미와 다를 바가 없게 되었으며, 인도 식민지는 비교 언어학에 완전히 새로운 국면을 열었다.

이러한 식민지 현장 조사는—고전 후 시대의 문학을 설명하는 방법으로 '낭만주의적'이라는 개념을 도입한—프리드리히 슐레겔Friedrich Schulegel, 1772~1829 같은 유럽 낭만주의의 차후 이론가들이 '비교 문법'을 통해 '인간 정신의 모든 언어, 모든 사상, 모든 시의 근원'을 발견하려는 꿈을 꾸는 데 토대가 되었다. 1820년에 쓴 글에서 빌헬름 폰훔볼트Wilhelm von Humboldt는 이러한 초기 비교문학자들의 목표를 '지금까지 매우 피상적이고 비철학적이며 잘못된 방향으로 진행되어 온 언어 비교 연구를 더 나은 기반 위에 확립하는 것'이라고 설명했다. 특히 이러한 선구적 인물들이 종종 먼 나라에서 현

상자 4. 문헌학

언어의 텍스트 발달에 관한 학문인 문헌학은 오늘날 우리가 알고 있는 인문학의 발전을 주도했다. 플라톤이 처음 언급한 고대 문헌학은 언어 이론, 수사학, 텍스트 비평, 문법이라는 네 가지 주요 요소로 구성되었다. 수 세기에 걸쳐 문헌학은 호메로스나 헤로도토스를 읽음으로써 고대의 생활 방식을 추정하는 등 문학 텍스트에서 역사적 맥락을 재구성하는 수단으로 발전했으며, 심지어 유럽 역사를 고대, 중세, 근대 시대로 구분하는 데에도 기여했다. 근대 초기에 문헌학은 (위압적일 정도로 박식한) 비교문학의 초기 형태였다. 이는 학문이라기보다는 일련의 비평 실천으로, 고전 텍스트든 성경 텍스트든 동양 텍스트든 상관없이 비교를 주요 기법으로 삼고는 그것에 의존했다. 제임스 터너James Turner가 연구서 『문헌학: 현대 인문학의 잊힌 기원*Philology: The Forgotten Origins of the Modern Humanities*』(2014)에서 언급했듯이, '서양에서 비교 방법을 가장 많이, 완고하고, 철저하게 실천한 사람들은 문헌학자였다'.

장 조사를 수행하면서 언어 연구는 더욱 광범위한 문화 연구로 빠르게 변화했다. 이렇게 해서 한편으로는 '탐험가'로, 다른 한편으로는 '탁상공론 비교문학자'로, 여행자와 이론가 사이에 구분이 생기기 시작했다.

따라서 '서양'과 '동양'이라는 문제적 개념들이 비교문학이 시작된 이래로 비교문학을 괴롭혀온 것은 놀라운 일이 아니다. 인류의 진보에 대한 계몽주의적 신념은 서양 문화에 문학 공화국의 중심이라는 특권을 부여했다. 프랑스혁명 이후, '유럽'이라는 개념은 격정의 물결을 타고 『에우로파*Europa*』(1803), 『유럽 문헌 기록*Archives littéraires de l'Europe*』(1804) 같은 잡지 제목들에 등장했다. 또한 당시 유명했던 소책자 하나를 인용하자면, 『기독교 또는 유럽*Die Christenheit oder Europa*』(1802) 이라는 공통 문화유산을 주장하는 수많은 선언문에도 등장했다. 마담 드스탈Madame de Staël과 같은 인물들은 유럽 내, 특히 가장 중요한 프랑스-독일의 축을 따라 국제 교류를 장려하기 위해 열심히 노력했으며, 여성의 역할이나 유럽 내 남북 문화 분단에 대한 근대적인 성찰을 소개하기도 했다(예를 들어 마담 드스탈에게 남유럽은 일종의 내부 동양으로 기능했다). 그러나 실제 동양은 기독교 지역의 가장자리에서 거의 인정받지 못한 존재로 남아 있었다.

문헌학의 부상은 이러한 비교의 성격을 변화시켰다. 나폴레옹의 '학자들'은 이집트 점령(1798~1801)에서 프랑스와 아랍의 지적 관계에 대한 새로운 관심을 가지고 돌아왔고, 얼마 지나지 않아 프랑수아조제프미셸 노엘François-Joseph-Michel Noël과 기슬랭프랑수아마리조제프 드라플라스Guislain-François-Marie-Joseph de La Place가 『문학과 도덕에 대한 프랑스어 수업*Leçons françaises de littérature et de morale*』(1816)을 '비교문학 강의cours de literature comparée'로 광고하면서 유럽에서 처음으로 '비교문학'이라는 용어가 등장하기도 했다. 한편, 라인강 건너편에서는 슐레겔의 비교 문법 관념에 대한 열의가—그의 영향력 있는 연구인 『인도인의 언어와 지혜에 대하여*Über die Sprache und Weisheit der Indier*』(1808)에서 설명한 것처럼—언어 비교에 대한 더욱 영웅적인 시도로 이어졌다. 프란츠 보프Franz Bopp와 같은 인물은 우스꽝스러울 정도로 박식함을 보인 『산스크리트어, 아베스타어, 그리스어, 라틴어, 리투아니아어, 고트어, 독일어, 고대 슬라브어 비교 문법*Vergleichende Grammatik des Sanskrit, Zend, Griechischen, Lateinischen, Litthauischen, Altslawischen, Gotischen und Deutschen*』(1845~1853년 영어로 번역되었다)으로 인도유럽어에 대한 지적 열풍을 새로운 차원으로 끌어올렸고, 1842년에는 프랑스와 독일에 문헌학 관련 기관이 설립된 데 이어 런던에 문헌학회Philological Society가 창립되었다. 언어와 문학 연구가 오늘날보다 더 밀접하게 얽혀 있던 시대에 '고대와 현재의 다양한 언어를 비교하겠다'라는 훔볼트의 포부는—유럽 내의 비교와 유럽 외의 비교 모두를 포함하여—비교가 학문의 최첨단에 있다는 일반적인 믿음을 함축하고 있었다.

낭만주의적 비교 관점에 가장 큰 영향을 미친 인물은 아마 요한 고트프리트 헤르더Johan Gottfried Herder, 1744~1803였을 것이다. 헤르더의 에세이 『언어의 기원에 대하여*Abhandlung über* *den Ursprung der Sprache*』(1772)는 이후 언어학 발전의 토대를 마련했으며, 『인류의 역사 철학에 대한 이념*Ideen zur Philosophie der Geschichte der Menschheit*』(1784~1791)은 진보와 해방의 외견상 필연성을 추적하여, 대표적으로 헤겔과 슐레겔 두 사람이 비슷한 역사철학을 내놓도록 이끌었다. 헤르더가 비교문학의 출현에 슐레겔과 다를 바 없이 영향을 미쳤다면, 이는 인류학과 문헌학의 특색 있는 이러한 조합 때문이었다. 헤르더가 보기에 국제 교류는 국가적으로도 영향을 미치는데, 각 국가는 이를 통해 고유한 문화적 정체성을 강화했기 때문이다. 헤르더가 '민족 정신Volksgeist'이라고 부르는 것처럼, 문학은 한 국가의 유기적 통합에 대한 표현으로 등장한다. 물론, 이것은 추상적인 개념에 관한 주장이 아니라 구체적인 세부사항에 관한 주장이다. 가령 헤르더는 『인류의 진보를 위한 편지*Briefe zur Beförderung der Humanität*』(1797)에서 비교문학 개념에 대한 가장 초기 비평 중 하나를 내놓으며 고전파와 근대파의 논쟁—1690년대 프랑스에서 고전이 타의 추종을 불허한다고 주장하는 사람들과 당대 문화의 우위를 주장하는 사람들 사이의 논쟁(4장 참조)—을 미학적 관점이 아니라 이념적 관점에서 비판한다. 그러나 문학이 '최고의 이상에 대한 표현'을 제공한다는 가정에는 변함이 없다.

헤르더의 『편지』는 19세기에 발전할 비교문학에 관한 많은 쟁점을 예견하고 있다는 점에서 잠시 살펴볼 가치가 있다. 헤르더는 '시는 프로테우스다'로 비유한다. 즉, 시는 주어진 맥락에 따라 그 형태를 바꾼다는 것이다. 그는 이것이 암시하는 '비교의 바다'를 환영하는 동시에 경계한다. 환영하는 이유는 문학이 정치사가 선호하는 외부로부터의 접근 방식이 아니라 내부로부터의 접근 방식을 통해 국가적 사고방식에 접근하는 방법을 제공하기 때문이다. 반면 경계하는 이유는 국가는 언제나 자국의 시인을 선호하거나 적어도 자국의 기준에 따라 외국 시인을 판단하는 경향이 있다는 점에서 그러하다. 장르와 형식, 정서, 역사적 특수성 등 세 가지 주요 비교 방식을 개략적으로 설명한 후, 헤르더는 세번째 방식의 한 가지 버전, 즉 맥락적 '우연성'이라 부르는 것을 효과적으로 주장한다. 인간의 본성은 거의 변하지 않을 수 있으나, 문화적 조건은 다양하므로 그에 따라 평가되어야 한다는 것이다.

이러한 방법론에 대한 헤르더의 성찰은 흥미롭게도 비교문학을 철학에서 소리테스 역설Sorites paradox로 알려진 것의 한 가지 형태로 생각할 수 있음을 시사한다. 이 고대의 역설은 모래알이 정확히 어느 지점에서 더미가 되는지 확신할 수 없기에 모래알과 더미(그리스어로 **소리테스**sorites)의 차이를 정확히 짚어낼 수 없다고 주장한다. 헤르더는 비교 방법에서도 비슷한 문제를 암시하는 것이다.

동양과 서양, 그리스인과 우리 사이에 생겨난 거대한 차이는 새로운 범주에서 비롯된 것이 아니라, 민족, 종교, 언어의 혼합, 결국 관습, 혁신, 지식과 경험의 진보, 즉 한 단어 아래 포괄하기 어려운 차이에서 비롯되었다.

그렇다면 비교문학의 소리테스 역설은 다음과 같다. 겉으로 드러나는 강조점과 표현 양식의 차이에도 불구하고, 한 시대나 전통이 다른 시대나 전통으로 서서히 바뀌는 지점을 식별하기가 매우 어렵다는 것이다. 이러한 지점—중세 문학은 언제 끝나며 르네상스 문학은 언제 시작되는가? 동양과 서양의 시 형식이 정확히 교차하는 지점은 어디인가?—을 발견하는 것이 비교문학자의 과제이다.

이 지점을 동양과 서양뿐만 아니라 고대와 근대 사이에서도 찾아야 한다는 것은 19세기 비교의 핵심 축 중 하나를 나타낸다. 1800년경 글을 쓰는 유럽 비평가들에게, 비교 행위는 공간뿐만 아니라 시간에 걸쳐서도 현저히 확장되었다. 이렇게 비교를 이중으로 강조하는 주된 (각각 문헌학적, 문화적, 정치적인) 맥락은 초창기 비교문학의 위상과 목표를 이해하는 데 많은 단서를 제공한다. 문헌학적으로 보면 19세기에 헤르더 사상의 영향을 받은 인류학적 언어학이 하나의 성장하는 학제적 학문 연구라는 용어가 생기기도 전에 일종의 그러한 분야로 출현했다. 초창기에는 대개 게르만 유럽 중심이었던 이 새로운 학문은 빠르게 유럽의 비교 개념 전반에 더 광범위한 영향을 미치게 되었다. 실제로 19세기에 독일어가 학문의 언어가 된 주된 이유 중 하나는 1800년대 초 독일이 아직 국가적으로 강국은 아니었다고 해도 분명히 문화적으로는 강국이었기 때문이다.

그렇지만 이 시기의 중요한 지적 돌파구—즉 이후 자율적인 주석 방식으로 비교문학을 발전할 수 있게 한 돌파구—는 문헌학적일 뿐만 아니라 문화적이기도 했다. 바로 종교적인 비평 모델에서 세속적인 비평 모델로 전환한 것이었는데, 즉, 성경은 다른 어떠한 주제와 마찬가지로 과장이나 역사적 변이가 가능한 텍스트로 간주되며, 비판적으로 읽히기 시작했다. 1835년 논란이 되었던 다비트 프리드리히 슈트라우스David Friedrich Strauss의 연구서 제목을 인용하자면 '예수의 생애'는 다른 어떠한 사건만큼이나 역사적으로 의문의 여지가 있는 것으로 간주되었다. 프랑스 비평가 에르네스트 르낭Ernest Renan, 1823~1892은 1848년에 쓴 글에서 독일 문헌학이 '근대의 정신the spirit of modernity'을 일깨웠으며, 이러한 독일 문헌학의 그 비판적 방법론이 그로 하여금 19세기에 인문학의 커지는 중요성을 상징하는 성공 가도였던 교회에서의 경력을 포기하게 했다고 주장했다. 당시 인문학의 핵심, 그리고 고대 언어와 문화로 거슬러올라가는 비교적 방향 전환의 핵심에는 '기원'에 대한 탐구가 있었다.

다윈주의 이전인 19세기 초 '기원'은 본질적으로 정치적 개념이었다. 제국주의적 야망과 경쟁으로 인해 유럽의 주요 열강들은 고대 조상들에게서 정통성을 찾으려 했다. 예컨대 문화적·언어적 선조들을 발견하는 행위는—독일인들에게는 그리스에서, 프랑스인들에게는 로마에서—다른 무엇보다도 선택적 친밀감의 표시이자 일종의 역사적으로 적용된 편견이었다. 비교문학은 종종 경쟁 문학에 지나지 않았으며, 문헌학을 통해 우월함을 과시하려는 얄팍하게 위장한 시도에 불과했다. 이러한 경쟁은 유럽 안에서—지배적인 국가들이 일종의 문화 대리전에서 경쟁하면서—벌어졌다. 그러나 다시 원점으로 돌아가자면, 경쟁은 유럽 바깥에서도 벌어졌는데, '비교'는 용인할 수 없는 야만인들을 물리치기 위한 몽둥이로 사용되었다. 1835년 영국 의회에서 매콜리 경Lord Macaulay이 했던 '훌륭한 유럽 도서관의 서가 한 칸은 인도와 아라비아반도의 토착 문학 전체의 가치가 있다'라는 악명 높은 발언은 이러한 편견을 잘 보여주며, 초창기에 등장한 비교 방법의 한계를 드러낸다. 몇 가지 훌륭한 예외를 제외하면, 유럽 문화를 더 넓은 세계 문화의 일부로 이해하려는 시도는 의심의 여지가 없는 우월성을 전제로 한 가정에 따라 미리 결정되었고, 결국 그 가정에 의해 약화되었다. 좋든 나쁘든, 이러한 가정을 넘어서려는 노력이 비교문학을 정의하게 되었다.

세계문학을 향하여

하지만 이러한 편견의 가정을 표현할 수 있는 여러 대안적 방법이 있으며, 그러한 방법들의 병치는 19세기가 진행되면서 등장한 비교문학의 광범위한 의미를 보여준다. 잘 알려지지 않은 진술과 아마도 너무 잘 알려졌을 진술로 구성된 두 가지 사례가 그 방향을 제시한다. 영국 낭만주의 문학가 중 가장 국제적인 감각을 지녔던 새뮤얼 테일러 콜리지Samuel Taylor Coleridge는 1825년에 출간한 격언집 『성찰에의 도움*Aids to Reflection*』에서 다음과 같은 말로 긴 각주를 시작한다.

> 비교 행위는 비교 능력에 특정한 내재적 형식들, 즉 성찰하는 방식들을 전제하는데, 이는 성찰되는 대상과 관련되는 것이 아니라 이해 자체의 구성과 메커니즘에 의해 미리 결정된다. 그리고 유사점과 차이점은 이러한 형식들 가운데 하나 또는 다른 형식 아래에 포함되어야만 상상될 수 있으며, 따라서 비교될 수 있기 위해선 더욱더 그러하다.

콜리지의 이러한 서술은 19세기의 무비판적 편견에 대한 사유하는 사람의 대응으로 볼 수 있다. 그렇다, 그는 비교 방식이 우리의 지각 장치의 '고유한 형태'에 의해 미리 결정된다는 것을 인정한다. 그러나 이는 문화적 편견이라기보다는 철학적 전제 조건으로 이해되어야 한다. 그러니까 우리는 상상할 수 없는 것을 비교할 수는 없다. '유사점과 차이점'은 특정하며 제한된 관점에서만 판단될 수 있기 때문에, 이러한 관점에 얽매이기보다는 그것을 인식하는 편이 더 낫다. 미국 액션 영화 주인공 더티 해리의 말을 빌리자면, 사람은 자신의 한계를 알아야 하는 법이다.

콜리지의 철학적 표현은 아마도 비교문학의 역사에서 가장 영향력 있을 단 한 가지 주장에 대한 새로운 이해를 제공한다. 1827년 위대한 민족 시인 괴테는 점점 더 국제화되는 시의 본질에 대한 자신의 견해를 공유했으며, 그의 대화 상대였던 요한 페터 에커만Johann Peter Eckermann이 후대를 위해 기록한 괴테의 이러한 견해는 **세계문학**의 탄생을 알리는 계기가 되었다.

> 시는 인류의 공유재산이라는 것, 또한 어느 시대 어디에서든 수없이 많은 인간이 있는 곳에서 탄생하고 있다는 것을 […]

나는 요사이 더욱더 확실하게 깨닫는다네. […] 오늘날에는 민족 문학이라는 용어가 의미가 없네. 이제 세계문학의 시대가 시작되고 있으니 각자 이러한 시대의 도래를 촉진하기 위해 노력을 해야 하네.

콜리지가 비교 행위의 근간이 되는 '내재적 형식들'에 대해 탐구한 지 2년 후, 괴테는 그와는 정반대의 개념을 옹호하는 듯하다. 근대라는 국제 시장에서 '민족적national' 또는 지역적 문학 양식은 점점 더 무의미해지고 있으며, 이제 우리가 추구해야 할 것은 세계문학이다. 괴테는 예를 들어 중국 소설도 독일이나 프랑스 소설 못지않게 우리에게 많은 것을 알려주며, 중요한 것은 주제가 아니라 다루는 방식이라고 덧붙인다. 시인은 사건을 기록하는 데 있어 역사가와 경쟁하려 해서는 안 되며—이는 역사가보다 상상력이 풍부한 작가가 우월하다는 아리스토텔레스의 주장과는 거리가 멀다. 작가는 사물이 어떠했는지가 아니라 어떠할 수 있을지와 관련이 있기 때문이다.—오히려 '단순한 주제를 훌륭하게 취급하고 이것이 제구실을 할 수 있는 것으로 마무리해야' 한다. 따라서 괴테에게 비교는 본질적으로 내용이 아닌 스타일의 문제이다.

그러나 자신의 선언에 대한 괴테의 즉각적인 반응은 선언 자체만큼이나 흥미롭다. 괴테는 세계문학에 대한 웅장하고 철저히 보편적인 수사적 제스처를 취했음에도 불구하고 편견의 문제를 인식하지 못한 것은 아니다.

> 그러나 우리가 외국 문학을 가치 있게 여길 때에도 특수한 것에 집착하여 그것을 모범으로 삼아서는 안 된다네. 우리는 중국의 작품을 모범이라고 여긴다든가 세르비아의 작품, 혹은 칼데론의 작품, 혹은 니벨룽겐을 모범이라고 생각해서는 안 되는 것일세. 일정한 양식을 찾아 나서고자 한다면 우리는 항상 고대 그리스인으로 거슬러올라가야 하네. 그들의 작품 속에는 언제나 아름다운 인간이 그려져 있으니까.

콜리지가 '성찰하는 방식'에 대해 쓰는 반면, 괴테는 성찰을 위한 모델들에 대해 성찰한다. 외부의 공정한 관점이 불가능하다면 우리는 세계문학을 어떻게 공정하게 평가해야 하는가? 적절하게도 괴테 자신의 말이 이 문제를 보여주는데, 그의 우여곡절—어떠한 특정 외국 전통에도 가치를 부여해서는 안 된다고 주장하면서도 역설적으로 고대 그리스인들에게는 가치를 부여해야 한다고 말하는—이 19세기 초의 전형적인 필헬레니즘(그리스 애호주의) 독일인으로서의 자신의 관점을 드러내기 때문이다.

괴테의 보편주의적 야망에도 불구하고 그의 세계문학 모

델은 매우 유럽적인 잣대를 내포하고 있다. 물론 이 점에서 그는 19세기 초 수십 년간 혼자가 아니었다. 괴테가 '우리 독일인에게 명예로운 역할을 부여하는 보편적인 세계문학이 형성되고 있다'라고 단언했다면, 필라레트 샬Philarète Chasles, 1798~1873 같은 프랑스 비평가는 1835년의 연구서인 『외국문학 비교*Littérature étrangère comparée*』를 발표하면서 '나는 주로 국가들 가운데 가장 섬세한 국가인 프랑스에 관심을 가질 것'이라고 주장할 수 있었다. 샬은 프랑스를 유럽 헤게모니라는 더 넓은 맥락에 강력하게 놓음으로써 프랑스를 가장 수용적인 (그리고 따라서 '비교하는') 국가로 칭송하는 것을 정당화하며 다음과 같이 말한다. '프랑스와 유럽의 관계는 유럽과 나머지 세계와의 관계와 같다. 모든 것은 프랑스를 향해 울려퍼지고 모든 것이 프랑스로 끝난다.' 따라서 샬은 자신의 비교방법을 애국적이자 국제적인 것으로 생각할 수 있으며, 민족주의는 유럽주의로 신성화된다.

세계문학이라는 용어에 내재한 편견이 무엇이든 간에, 괴테가 이 용어를 창안한 것은 비교문학의 역사에서 분수령이 된다. 사실 괴테가 이 용어를 최초로 사용한 것은 아니라는 점은 그리 중요하지 않다. 그 영광은 그의 친구 크리스토프 마르틴 빌란트Christoph Martin Wieland, 1733~1813에게 돌아가는데, 어쩌면 그보다 앞선 다른 사람들에게 그 영광이 돌아갈 수도 있을 것이다. 중요한 점은 괴테가 이 용어를 창안한 인물로 인식되어, 이 용어에 자신의 신적 위상을 부여했다는 사실이다. 1836년 에커만이 괴테와 나눈 대화가 출판되면서 '세계문학'이라는 개념이 본격적으로 시작되었다.

이 용어의 큰 장점이자 거의 틀림없이 가장 큰 약점이기도 한 극도로 넓은 포용성은 '세계'뿐만 아니라 '문학'에도 빠르게 적용되기 시작했다. 불과 20년 후인 1848년, 이 용어는 전혀 예상치 못한 곳에서 등장했다. 바로 『공산당 선언*Manifest der Kommunistischen Partei*』이다. 마르크스와 엥겔스는 전 세계적으로 중간계급이 무역과 산업을 식민화하면서 '국가적 편협함과 제한은 점점 더 불가능하게 되고 많은 민족 문학과 지역 문학에서 하나의 세계문학이 만들어진다'라고 주장한다. 마르크스와 엥겔스는 19세기 중반에 국경을 초월해 유통되던 상품과 텍스트 사이에 존재하던 암묵적인 유사성을 지적한다. 이는 세계문학이라는 미학적 개념을 급진적으로 재배치한 것처럼 보일 수 있으나, 사실 괴테는 이미 1827년에 (에커만과의 대화 및 다른 글에서) '가치'의 언어를 반복적으로 사용하면서 고대 그리스라는 금본위제로 회귀하기 전에 중국과 세르비아의 부상하는 시장에 대해 사유했다.

역사적 맥락에서 이해하면 상업적 유통 방식과 문화적 유통 방식의 이러한 융합이 놀라운 일은 아니다. 가치와 유통에 대한 경제적 은유는 19세기 중반의 상상력을 정의한다. 가령 1850년대와 1860년대에 디킨스, 플로베르, 톨스토이가 쓴 위대한 리얼리즘 소설은 사회적 신분 상승을 위해 문화 자본을 축적하는 **교양소설**Bildungsroman의 주인공을 통해 자본주의적 축적 모델을 문화의 영역으로 들여온다. 그렇지만 상업의 모델을 반드시 문화의 '상업적' 착취라는 경멸적 의미로 해석할 필요는 없다. 예를 들어 괴테의 경우, '시장'이라는 은유는 국제 교류의 장이라는 계몽주의적 의미에서 긍정적으로 이해할 수 있으며, 그러한 시장의 화폐는 상업적인 것만큼이나 문화적인 것이기도 하다. 그렇다면 다른 곳과 마찬가지로 여기에서도 비교 모델은 그 자체로 비교적으로 접근되어야 한다.

하지만 가치의 은유가 또한 전달하는 것은 산업 및 기술 혁명이 가져온 의미의 확산, 즉 근대의 순전한 다양성이다. '위인'으로서 괴테에 대한 1850년의 에세이에서 에머슨은 '이토록 다양한 사실이 존재한 적은 없었다'라고 말한다.

> 세계는 미국의 무역처럼 확장된다. 우리는 그리스나 로마 시대의 삶, 중세의 삶을 단순하고 알기 쉬운 것으로 생각하나, 근대의 삶은 다양한 것들을 존중하는 것이라 생각한다.

이러한 관점이 확산되면서 생긴 불가피한 결과로서 비교

가 자신의 존재를 내세웠다면, 흥미롭게도 정전으로의 보수적인 회귀 또한 자신의 존재를 내세웠다. 통제할 수 없는 힘들에 위협을 당한 한 시기에, 문학적 정신은 검증된 가치로 후퇴했다. 가령 정확히 19세기 중반, 에머슨의 '위인' 목록—플라톤, 스베덴보리, 몽테뉴, 셰익스피어, 나폴레옹, 괴테—은 서양 세계의 경계를 신중하게 규정짓고 있다. 에머슨은 헤라클레스의 기둥(그림 7 참조)이 있던 자리에 유럽 세계를 나타내는 표식으로서 해석학의 기둥을 세운다.

그렇다고 비교문학이 백인 앵글로색슨 개신교도들만의 전유물이었다는 말은 아니다. 1870년대에 이르러 유럽의 동쪽 끝에서 비교문학 연구가 등장하기 시작했다. 조지 스미스가 『길가메시 서사시』 해석본을 출간한 1872년, 모스크바대학교는 세계문학과를 개설했고, 1875년 상트페테르부르크대학교는 신문헌학회를 설립했다. 신문헌학회 설립을 주도한 사람은 알렉산드르 베셀롭스키Aleksandr Veselovsky, 1838~1906라는 문학사가였는데, 그는 훗날 러시아 비교문학 발전에 있어 거의 틀림없이 가장 중요한 인물로 평가받게 된다. 베셀롭스키는 국가별 발전 양상을 이해하는 방법으로서 국제적 영향력 패턴 연구를 개척했다. 특히 민속과 동화에 관심이 많았던 베셀롭스키는 동서(러시아와 유럽) 관계를 탐구하기 위해 비교 방법을 사용했다. 1881년에 처음 출간된 그의 연구서 『새

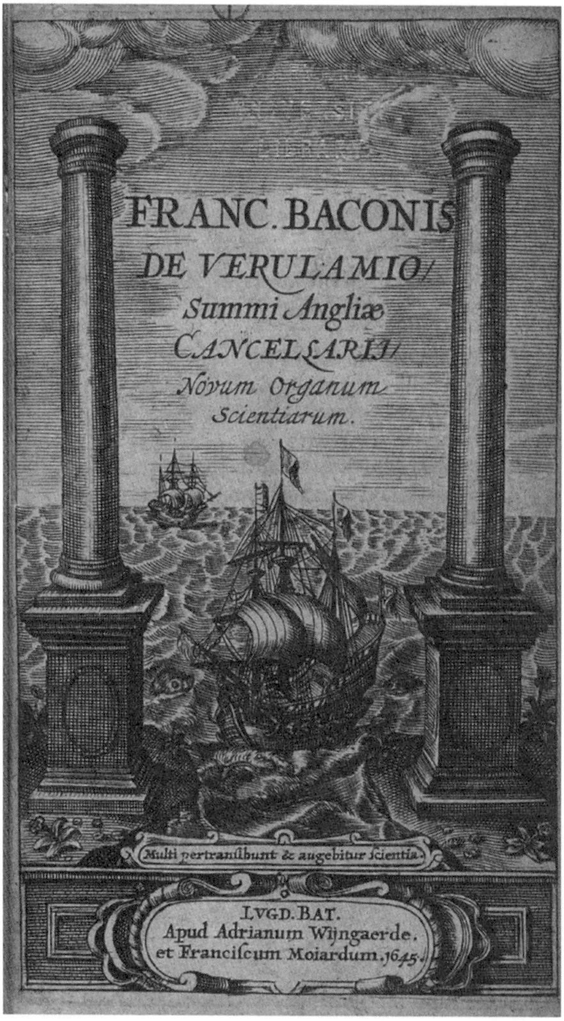

7. 프랜시스 베이컨의 『신기관*Novum Organum*』(1620) 표지에 그려진 헤라클레스의 기둥

로운 러시아 문학에 대한 서유럽의 영향*Zapadnoe vliyanie v novoy russkoy literature*』은 1916년까지 인상적이게도 5판까지 나오며 폭넓은 호응을 얻었다.

비교문학을 출처와 영향에 대한 연구로 바라보는 베셀롭스키의 관점은 19세기 후반 러시아의 역사적 맥락에서 그 중요성을 도출한다. 많은 그의 동시대인 및 동포들—이른바 백은白银 세대—과 마찬가지로, 베셀롭스키에게 러시아는 서유럽을 바라보아야만 발전할 수 있는, 문화적으로 뒤처진 대륙이었다. 러시아 문화의 발전은 서유럽 문화와의 비교를 통해 계획될 수 있다고 그는 믿었다. 러시아 문화의 바로 그 수용성이 러시아를 더욱 풍요롭고 강하게 만들 것이기 때문에 궁극적으로 이는 러시아에 유리할 것이었다. 국제적인 영향을 통합함으로써, 국가 문화는 더욱 완전한 버전으로 등장할 것이었다. 다른 곳과 마찬가지로 여기서도—브라질이 유럽의 문화적 영양분을 흡수하기 위해 유럽을 '잡아먹어야' 한다고 제안하는 오스왈드 지 안드라지Oswald de Andrade의 「식인 선언Manifesto Antropófago」(1928)에서 이 주장은 다시 등장한다—비교문학이 국가 건설의 운동으로 기능한다.

이것이 무엇을 시사하는지 고찰하기 위해 잠시 멈추어 볼 만도 하다. 19세기 유럽에서 행해졌던 비교문학은 다른 방식으로 국제 관계를 지속하는 수단으로 등장했으며, 이는 제국 건설과 국가 건설이라는 두 가지 주요 형태를 취했다. 전자 모델은 무엇보다도 잉글랜드와 프랑스처럼 정치적, 군사적으로 우세한 국가들에 적용되었으며, 후자 모델은 국제 무대에서 자신의 정체성을 명확히 하기 위해 고군분투하는 국가들—여기서는 러시아나 덴마크를 떠올릴 수 있을 것이다—에 적용되었다(비교문학의 추진력 중 상당 부분이 나온 국가인 독일은 두 모델 사이에서 중추적인 위치를 차지한다. 왜냐하면 1871년에야 하나의 국가로 등장했으나 문화적으로 오랫동안 선도적인 지위를 차지해왔기 때문이다). 정치에서와 마찬가지로 문학에서도 지배 국가들은 종종 다언어를 사용하는 대규모 제국의 형태로 영향력의 범위를 공격적으로 확장하고 있었다. 반면 신흥 국가들은 다른 국가들과 비교함으로써 자국 문화의 중요성을 확립하려는 방어적 시도를 벌이고 있었다. **세계문학**을 정의하는 화폐와 가치의 경제적 은유로 돌아가자면, 문학은 국제 교류를 통해 획득되고 투자되는 문화 자본의 한 가지 형태였다.

이것의 더 흥미로운 결과 중 하나는 '주변부'로 인식되는 문화들이 오히려 더 진정으로 비교적인 경우가 많다는 점이다. 그 이유는 단순히 국제 협력을 통해 얻을 것이 더 많기 때문이다. 19세기 말 러시아 상징주의는 독일의 쇼펜하우어와 니체, 프랑스의 말라르메와 베를렌, 잉글랜드의 페이터와 와

일드, 스칸디나비아의 입센과 스트린드베리의 영향을 받은 좋은 예이다. 베셀롭스키는 『새로운 러시아 문학에 대한 서유럽의 영향』 1886년 판 서문에서 '[…] 유럽 문화에 대한 존중이 점차 생겨났'으며 비교문학 연구 분야가 '고립된 노동자'에서 '친절한 집단 노동'으로 상응하는 발전을 이루었다고 언급했다. 20세기 초, 러시아 시인 오시프 만델스탐Osip Mandelstam이 '세계 문화에 대한 동경'을 그 자신 세대 시의 구성 요소로 진단할 수 있는 것은 놀라운 일이 아니다. 비교의 미덕은 문화적 필요성에서 비롯되기 때문이다. 국제 문화에서 주변부로 인식되는 지역 출신이라는 것의 가장 큰 장점—오늘날까지 유효한 장점—은 이것이 기존의 추세를 통합할 수 있게 한다는 점이다. 이러한 관점에서 보면 비교는 후대의 특권이다.

분과 학문과 출판

1870~1880년대에 러시아뿐만 아니라 유럽의 다른 지역에서도 비교문학이 하나의 분과 학문으로 등장했다. 덴마크 문학 평론가 게오르 브란데스는 외국 문학을 수용하거나 소외시키는 비교 방법을 개발해 유럽 대륙에 대한 스칸디나비아의 문화적 위축을 극복하고자 했다. 망원경에 대한 브란데

스의 이미지—'한쪽 끝은 확대하고 다른 쪽 끝은 축소한다'—는 그가 지배적인 유럽 전통들과 맺고 있던 관계의 양면성을 능숙하게 포착한다. 그는 한편으로 아나톨 프랑스Anatole France나 프리드리히 니체Friedrich Nietzsche 같은 유럽 대륙의 주요 작가들을 존경해 그들에 관한 저작을 다수 출간했지만, 다른 한편으로는 덴마크 문인들을 그들과 동등한 지위에 놓기를 꿈꾸었던 것이다. 19세기 후반 덴마크 모더니즘 문인들을 정의하는 문구가 된 '근대적 혁신자들Men of the Modern Breakthrough'에 대한 그의 찬사는 이러한 관점에서 비교문학을 소수 언어를 옹호하는 데 활용하려는 시도로 이해할 수 있다. 브란데스처럼 야심 찬 비평가에게 북유럽과 대륙의 전통을 통합하는 것은 자연스러운 열망이었다. 하지만 다른 많은 주요 비교 이론들과 마찬가지로 그 열망에 국가적 사욕이 없는 것은 아니었다.

비교문학이 지배 문화의 주변부에서 발전하는—그러나 또한 주변부에 의해 회복되는—경향은 후고 멜츨Hugó Meltzl, 1846~1908의 저작에서 가장 선명하게 드러난다. 멜츨의 이름 자체—그는 후고 롬니치Hugó Lomnitzi 또는 후고 멜츨 드롬니츠Hugó Meltzl de Lomnitz 등으로 다양하게 불린다—가 그와 연관된 '다언어주의 원리'를 시사한다. 현재는 루마니아 영토인 헝가리의 한 지역에서 태어난 멜츨은 오스트리아-헝가리 제국 치하, 더 구체적으로 말하면 브램 스토커Bram Stoker의 『드라큘라*Dracula*』 이래 유럽의 '내부 동양the internal Orient'으로 불릴 수 있는 이미지를 영원히 떠올리게 하는 지역인 트란실바니아에서 독일어를 쓰며 자랐다. 하이델베르크에서 수학 후 멜츨은 1872년, 불과 26세의 나이에 트란실바니아로 돌아와 독일어 교수직을 맡았다. 5년 후인 1877년, 그는 세계 최초의 비교문학 학술지를 창간하게 된다.

이 학술지의 일대기는 비교문학의 이 중요한 시기에 비교문학의 위상에 대해 많은 것을 알려준다. 멜츨은 오랜 동료인 비교 문헌학 교수 브러서이 사무엘Brassai Sámuel과 협력하여 진정으로 국제적인 출판물에 대한 아이디어를 구상했다. 〈악타 콤파라티오니스 리테라룸 우니웨르사룸Acta Comparationis Litterarum Universarum: 전 세계문학 비교 기요紀要〉라는 제호 자체는 원래 3개 언어(헝가리어, 독일어, 프랑스어)로 표기되다가 라틴어라는 초국적 해결책으로 정착되었고, 편집진은 최소 10개 공식 언어로 투고할 수 있다고 선언했다. 아마 불가피하게도, 논문의 3분의 2 이상이 헝가리어 또는 독일어로 출판되는 등 이론과 현실이 일치하지는 않았다. 단지 100여 부만이 유통되었다는 사실에서도 알 수 있듯, 그렇게 야심 찬 기획이 극히 제한적인 성공에 그친 것은 필연적이었다. 이 학술지가 경쟁 출판사들의 압력으로 1888년에 폐간되기 전까지 11년 동안이나 계속 발간되었다는 사실은 여러모로 놀라운 일이다.

하지만 학문적 관점에서 〈악타 콤파라티스〉의 창간과 폐간은 감동적인 이야기를 들려준다. 1877년 창간호에 실린 멜츨의 선언문은 비교문학—19세기 방식으로는 '철학, 미학, 심지어 민족학, 인류학'을 다루는 것으로 이해되던—이 완전히 확립된 학문 분야가 될 것을 요청한다. 멜츨은 문화 민족주의의 도구로 전락한 문학사와는 대조적으로 이 분과 학문을 정의한다. 다른 한편으로, 그의 '비교 원리'는 번역과 **세계문학**이라는 두 가지 주요 관심사를 중심에 둔다—후자는 독일 문학사가들의 국수주의적 의미가 아니라 진정한 괴테적 의미에서 '다름 아닌 바로 미래의 떠오르는 학문인 비교문학'으로 이해되었다.

멜츨은 이 새로운 학문이 '다언어주의 원리'에 의해 주도되어야 한다고 선언한다(상자 5 참조). 비교문학의 '막연하고 세계주의화하는 이론들'을 거부하면서, 다언어주의 원리는 텍스트 자체 간의 직접 교역을 의미한다. 즉 헝가리, 포르투갈, 독일, 아이슬란드처럼 이질적인 국가들이 각자의 언어로 서로 대화할 수 있을 것이라는 희망을 나타낸다. 보편적 소통에 대한 보르헤스적인 꿈인 이러한 야망이 완전히 실현 불가능해 보일 수도 있지만, 그것은 소수 언어를 보호하고 보다 주변적인 문학적 전통들도 목소리를 낼 수 있도록 고안되었다.

요컨대, 이 학술지의 목표는 '비교문학의 다양한 문제에 대한 소규모 다국어 의회'를 만드는 것이었다.

하지만 비교문학의 현실은 곧 멜츨의 열정을 꺾었다. 1887년, 독일 학자 막스 코흐Max Koch는 베를린에서 새로운 학술지를 발간했다. 〈비교문학보Zeitschrift für vergleichnde Literaturgeschichte〉라는 의심스러울 정도로 친숙한 제호였다. 〈악타 콤파라티오니스〉의 독일어판이 〈비교문학보〉라는 것은 우연이 아니었다. 코흐는 멜츨의 영역을 침범하고 있던 것이다. 일반적인 사소한 학계 경쟁 이상으로 두 학술지 간의 투쟁은 비교문학 발전의 근간이 되는 권력 구조를 이룬다는 점에서 중요하다. 독일어권 세계의 주변부에서 멜츨은 더욱 국제적이며 다언어주의적인 비교 방식에 관심을 집중하려 한다. 그러나 제국은 세계 도시 베를린의 유리한 위치에서 '독일 문학과 그 역사적 자기 이해의 발전'이 앞으로 비교 연구 관심의 중심을 형성할 것이라고 선언하며 곧 반격에 나선다. 사소한 반란에서 대대적인 탄압에 이르기까지 비교문학은 주변부와 중심부 사이를 갈지자로 오가며 발전한다.

최초의 전문 학술지 이후, 비교문학에 관한 최초의 본격적인 서적이 출간되기까지는 그리 오래 걸리지 않았다. 비교문학의 전기적 세부사항들은 비교문학이 주변부의 분과 학문이라는 인식을 강화한다. 더블린에 거주하던 변호사 허치슨

매콜리 포즈넷Hutcheson Macaulay Posnett, 1855~1927이 뉴질랜드로 이주하던 1886년에 연구서를 출간했다. 저자가 서문에서 '영국, 미국, 오스트레일리아 식민지 자치정부들의 주요 대학교에' 비교문학 강좌들을 개설해야 한다고 촉구한 것은 영어권 세계의 교육적 및 정치적 맥락을 시사한다. 비교문학이 아직 정립되지 않은 분야였다고 해도 그 잠재적 영향력은 방대

상자 5. '다언어주의 원리'

멜츨은 1877년 선언문에서 다언어주의 원리를 번역 원리와는 대조적으로 정의한다. 번역 원리는 문학의 **간접** 무역에 국한되는 데 비해, 다언어주의 원리는 문학 간의 **직접** 무역을 주장한다. 이로써 멜츨은 다음 세기 동안 비교문학의 발전에 기초가 될 두 가지 기본 비교 방식을 스케치한다. 번역이 매개자를 필요로 한다면, 다언어주의는 외국 문화에 대한 비매개적 접근을 추구하여 경쟁하는 언어들의 바벨탑에서 그것들을 하나로 모으는 것이다. 이러한 야망의 유토피아적 비현실성—얼마나 많은 비교문학자가 두세 개 이상의 언어를 읽을 수 있겠는가?—은 멜츨이 실제로는 자신의 학술지가 10개 언어, 즉 '고전주의'를 달성한 언어들로 제한되어야 한다고 양보함으로써 부분적으로 완화될 뿐이다. 이 언어들이 모두 유럽 언어라는 점은 19세기 후반의 전형적인 비교 관점이다. 아시아 문학이 마침내 '우리의' 알파벳을 받아들일 때에야 비로소 포함할 가치가 있을 것이라고 멜츨은 선언했다.

했으며, 참으로 제국적이었다. 포즈넷의 말을 빌리자면 그 수확은 '풍요로웠다'.

포즈넷은 이러한 수확의 역사가 단테의 『속어론*De Vulgari Eloquentia*』(1302년경)까지 거슬러올라간다고 주장하는데, 이 논문은 역설적이게도 지역어의 중요성에 대하여 라틴어로 쓴 논문이다. 그다음에 『신곡*Divina Commedia*』을 당대 이탈리아어로 집필하기로 한 단테의 결정은 포즈넷에게 '근대 비교학문'의 시작을 의미한다. 이후 대륙 민족국가들의 부상은 유럽 내 문화적 경쟁을 부추겼고, 신대륙 탐사는 그 외부에 숨겨져 있던 대조적 감각을 선명하게 드러냈다. 포즈넷은 이러한 모든 발전이 당시의 목적론적 방식으로 빅토리아시대에서 정점에 이르렀다고 주장한다. 근대 학계는 이제 무의식적으로 비교를 추구하기보다는 비교의 필요성을 결정적으로 인식하게 되었다. '우리는 의식적으로 비교하는 사고를 19세기의 위대한 영광이라고 부를 수 있을 것이다.'

포즈넷의 비교의 역사화는 차치하더라도, 아마도 학문적 관점에서 그의 연구 가운데 가장 흥미로운 측면은 비교문학을 하나의 과학으로 정립하려는 시도일 것이다. 우리는 비교문학을 인문학의 일부로 생각하는 데 너무 익숙해져 있기 때문에 현대 독자에게는 이러한 학문 개념이 놀랍게 느껴질 수 있다. 그렇지만 『비교문학』은 '국제 과학' 총서의 일원으로 출판되었으며, 실제로 포즈넷의 전체 연구 방법은 비교문학에 대한 사회학적 접근 방식을 확립하려는 시도로 이루어져 있다. 포즈넷은 씨족에서 도시로, 국가에서 '세계 인류'로 이어지는 문학적 문화의 발전을 추적하면서 자신이 '문학의 상대성'으로 칭하는 것, 즉 사회가 변화함에 따라 문학의 형태들이 변화하는 방식을 강조한다. 이러한 진화에서 더욱 보편적인 사회적 힘의 산물로 이해되는 세계문학이 나타난다.

1890년대에 비교문학이 빠르게 발전하기 시작하면서 포즈넷의 역사적, 진화론적 비교문학 모델의 지지자가 신속히 등장했다. 프랑스 학파에서 가장 영향력 있는 인물 중 한 명인 페르디낭 브륀티에르Ferdinand Brunetière, 1849~1906는 서정시를 연구하면서 진화의 개념을 문자 그대로 받아들여 문학 장르의 성장과 쇠퇴에 대한 명백한 다윈주의적 모델을 개발했다. 1900년 강의에서 그는 국가들이 번갈아 가며 유럽 문화를 지배하기 때문에 비교는 동시적인 것만큼 연속적이라고 주장하면서 이 모델을 국가별 문학에 더 광범위하게 적용했다. 가령 이탈리아는 1450~1600년, 스페인은 1600~1670년, 프랑스는 1660~1750년, 영국은 1720~1820년, 독일은 1820~1870년이다. 그렇지만 브륀티에르는 19세기 말, 100여 년 후의 논쟁을 예견한 듯 더 넓은 관점에서 유럽의 헤게모니를 바라보아야 한다고 주장한다.

그는 '비교문학이라는 거의 무한한 영역에서 유럽 문학은 한 갈래, 아니면 한 지방, 어쩌면 좁은 지방에 불과하다'고 말한다. 비교문학의 세계적 야망은 점점 더 분명해지고 있었다.

이러한 야망은 대서양 건너편 미국에서도 출현하기 시작하고 있었다. 1890년대 동안 아이비리그 대학교들에 최초의 비교문학 교수직이 신설되었고, 비교문학에 대한 자신감이 높아지면서 찰스 밀스 게일리Charles Mills Gayley, 1858~1932와 같은 선구자들은 미국 '비교문학회' 설립을 주장하기 시작했다. 1903년에 쓴 에세이에서 게일리는 비교에 대한 주로 역사적이고 순차적인 이해를 다음과 같이 주장한다. '먼저 각 문학의 역사, 그다음에는 문학 간의 역사적 관계, 그리고 그것에 이어서 하나의 단위로서 문학을 종합하는 작업이 뒤따른다.' 인류학의 중요성을 강조하고 비교문학이 '문학적 문헌학literary philology'에 해당한다고 결론을 내리는 이 모델이 여전히 19세기의 모델이라고 한다면, 문학사로의 발전 과정을 구축하는 방식은 유럽적이라고도 할 수 있다. 새로운 세기가 시작될 무렵, 즉 좋든 나쁘든 유럽은 여전히 비교의 문화적 중심지였다.

'유럽 정신'의 위기

제1차세계대전으로 이어지는 '장기 19세기The long 19th century'가 끝나갈 무렵, 유럽 전역에 바큇살처럼 퍼져나간 지적 유행과 함께 식민주의적 비교 모델이 도마 위에 올랐다. 20세기 초 모더니즘의 부상은 문학과 문학 비평에서 국제주의에 대한 새로운 초점을 예고했다. 에즈라 파운드와 T. S. 엘리엇 같은 국외 거주 미국인들로부터 받은 중요한 자극에도 불구하고 모더니즘은 여러 면에서 유럽의 마지막 위대한 운동이었으며, 유럽 대륙의 고급문화를 향한 백조의 노래와도 같았다. 러시아 형식주의자부터 이탈리아 미래파, 프랑스 초현실주의자부터 독일 표현주의자까지, 아방가르드avant-garde는 유럽 전역에 퍼져나갔고 서로 협력했다. 필연적으로 비교문학도 이를 반영하게 되었다.

하지만 모더니즘 시대의 국제주의에도 불구하고, 이 시기에 '비교'라는 용어가 거의 사용되지 않았다는 사실은 놀랍다. 비교문학 선집들에서는 이 시기의 비교에 대한 명시적인 언급을 찾기가 쉽지 않다. 단순히 그 수가 너무 적기 때문이다. 이는 두 차례 세계대전이라는 블랙홀이 국제 교류에 대한 더욱 신중한 시도를 빨아들인 것과 어느 정도 관련 있다고 추측할 수도 있다. 그렇지만 이 시기에 비교 충동이 아방가르드, 국제, 유럽 등 여러 대체 용어들로 표현되었다는 사실에도 많은 빚을 지고 있다. 이러한 용어들 가운데 가장 중요한 것은 '위기'라는 개념이었다.

1914~1945년이 근대 유럽 역사에서 가장 암울한 시기를 대표한다면, 이 시기는 또한 가장 지속적으로 개념화가 이루어진 시기이기도 한다. 이는 사실 모순이 아니다. 이 시기에 만연한 위기의식은 유럽 문화를 몰락에서 서둘러 구해야 한다는 고조된 긴박감을 불러일으킨다. 공유된 문화적 유산을 주장하려는 최후의 필사적 시도들이 넘쳐난다. 이에 반하는 모든 증거에도 불구하고—아니 어쩌면 그 때문에—'유럽'은 경쟁하는 국가 간 비교의 공통 기준으로 계속해서 동원된다. 이 점이 가장 뚜렷하게 드러나는 시기는 제1차세계대전 직후이다. 그러한 대학살의 여파 속에서 로맹 롤랑Romain Rolland, 슈테판 츠바이크Stefan Zweig, 베네데토 크로체와 같은 위상의 인물들이 비교와 화해를 위한 문화적 전제 조건으로서 유럽이 지속적으로 관련성이 있다고 주장했다. 이로써 모든 것을 포용하는 범주로서의 '유럽'이라는 이념은 구원에 준하는 지위를 맡았다. 이 시기는 다시 말하면 리하르트 폰코우덴호페칼레르기Richard von Coudenhove-Kalergi 백작이 1923년 선언문에서 '범유럽Paneuropa'이라고 불렀던 것을 정립하려는 시도의 정점을 나타냈다.

엄청난 다언어구사자였던 코우덴호페칼레르기1894~1972는 여러 면에서 유럽연합의 창시자였다. 유럽 통일을 위해 평생을 바친 그는 '유럽합중국'을 주창하며 유럽 대륙 여러 국가 간의 정치적, 문화적 협력을 확대하기 위해 끊임없이 분투했다. 오스트리아-헝가리 제국 외교관과 부르주아 일본 여성의 아들로 태어난 그는 자신의 다국적 유산을 통해 통합 강화의 필요성을 확신했다. 가령 1925년에는 '미래의 인간은 혼혈이 될 것이다'라고 다소 잘못된 인식으로 글을 썼다. 그는 '오늘날의 인종과 계급은 공간, 시간, 편견의 소멸로 인해 점차 사라질 것이다'라고 주장했다. 다른 경우와 마찬가지로 이 경우에도 코우덴호페칼레르기의 범유럽주의는 유럽을 부식시키기 시작하고 있었던 파시즘이라는 끓는 독에 대한 해독제를 제공했다.

어지러울 정도로 다양한 언어를 자유자재로 구사하는 이러한 유형의 다언어구사자들은 20세기 초 문학에 대한 비교 접근 방식의 이면에 있는 국제주의 정신을 구현한다. 그러한 인물들을 이끄는 문화적, 지적 야망은 때로는 더없이 놀라우나, 유럽이 세계를 지배하는 중심이라는 잔존하는 인식을 강화할 위험도 있다. 프랑스 시인 폴 발레리Paul Valéry, 1871~1945는 1919년에 발표한 영향력 있는 에세이에서 유럽은 '아시아 대륙의 작은 곶'에 불과할 수 있겠으나, 또한 '거대한 체구의 두뇌'이기도 하다고 서술했다. 발레리의 에세이

「정신의 위기La crise de l'esprit」는 아마도 이 시기 유럽의 정신성을 가장 잘 보여주는 대표적인 문헌일 것이다. 처음에 영어로 출간된 이 에세이는 근대성의 죽음 충동을 인정하는 것—'우리들 후대 문명은 … 이제 우리가 필멸의 운명에 처해 있음을 안다'—에서 시작한다. 그러고 나서 적절히 애가적인 용어로 유럽 문화의 위기를 개략적으로 서술하는 것으로 이어진다. 시인이 시사하는 바에 따르면 동시대 문화의 공통 원인은 그것의 연약함이다.

비교문학의 관점에서, 발레리의 에세이는 비교의 묘지 모델이라고 칭할 수 있는 것을 개괄적으로 설명한다. '지적인 햄릿'처럼 근대 유럽인은 쓰러진 거인들의 머리뼈를 숙고한다. 레오나르도 다빈치Leonardo da Vinci, 칸트, 헤겔, 이들 모두 자신들의 묘비 중력으로 그를 억누른다. 언젠가는 프랑스, 영국, 러시아라는 이름조차도 미래의 귀에는 니네베와 바빌론이 우리에게 그러하게 들리는 것처럼 먼 과거의 유령 같은 메아리로 들릴 수 있다고 발레리는 주장한다. 유럽 정신의 근간을 구성하는 세 가지 지속적 유산인 로마 정신, 기독교 정신, 그리스 정신은 수천 년 동안 유럽 대륙을 이끌어왔으나, 유럽이 해체될 조짐을 보이는 지금 사라질 위험에 처해 있기도 하다. 군사적 위기는 지나갔을지 모르나 경제 위기는 현재를 결정하고 있다. 또한 지적 위기가 미래를 어떻게 좌우할지 누가 알겠는가? 1920년대와 1930년대의 문화 비평가들에게 가장 위태로운 것은 다름 아닌 유럽 문화의 존립이었다.

물론 이 문화에 가장 도움이 되는 방법과 관련해 비평가들의 의견이 항상 일치하지는 않았다. 대강 말하면 이 시기 비교문학에 대한 접근 방식은 좌파와 우파의 방법론, 유럽 문학 유산에 대한 진보적 비전과 보수적 비전으로 나눌 수 있다. 좌파적 비전은 주로 동유럽에서 미학과 정치 사이의 정확한 관계에 대한 사회주의적 주장으로 나타났다. 한편으로는 러시아와 체코의 형식주의자들, 다른 한편으로는 죄르지 루카치György Lukács나 미하일 바흐친Mikhail Bakhtin 같은 장르 이론가들처럼 서로 전혀 다른 사상가들은 모두 각기 다른 방식으로 자신들을 마르크스주의의 정치 참여적 비평 유산의 계승자로 여겼다.

유럽 전통에 관한 루카치와 베르톨트 브레히트 사이의 논쟁은 이러한 차이를 정면으로 드러냈다. 다른 이름으로 불리는 비교문학의 한 형태에서, 1930년대에 루카치와 브레히트는 마르크스주의 이전의 문학—그리스에서 르네상스, 셰익스피어에서 낭만주의에 이르기까지—이 근대에 대해 어느 정도 지속적 관련성을 지니고 있는지를 두고 논쟁했다. 예술의 '사회적 사명'을 목표로 삼고 영국 오페라에서 일본 가무극 노(브레히트만 예로 들자면)에 이르기까지 매우 광범한 참고 자료를 활용해, 두 지식인은 마치 권투선수처럼 고대와 근대에 대한 일종의 마르크스주의적 싸움을 계속했다. 홍코너에서는 참여 문학의 새로운 미학을, 청코너에서는 부르주아 인문주의적 유산을 추구한 것이다. 이는 이데올로기적 힘이 더해진 비교문학이었다.

하지만 좌파 비평가들만 이념에 경도된 것은 아니었다. 많은 주요 모더니스트가 보수적 견해를 가지게 되었듯, 비교문학자들도 마찬가지였다. 오스발트 슈펭글러Oswald Spengler의 베스트셀러 『서양의 몰락*Der Untergang des Abendlandes*』(1918~1922)은 '유럽 정신'의 소멸에 대한 많은 전후 비탄의 풍조를 조성했다. 역사, 문화, 종교에 대한 슈펭글러의 폭넓은 접근 방식은 대단히 비교적이었는데, 그의 어조뿐만 아니라 방법론 역시 T. S. 엘리엇과 고트프리트 벤Gottfried Benn 같은 저명한 작가들에게 영향을 미쳤다. 그렇지만 유럽의 유산을 '보존'하려는 더 미묘하고 덜 강경한 방법들도 있었으며, 바로 이 시점에 비교문학자의 황금 세대가 등장했다.

비교문학의 훈련장 이스탄불

'민족' 문화를 향한 나치의 물신화가 국제적 비평 양식의 발전에 결정적인 추동력을 주었을 것이었다는 점은 근현대

지성사의 더욱 통렬한 아이러니 중 하나이다. 1930년대의 점점 더 독재적으로 되어가던 경향은 한 세대의 비교문학자들을 국제 문학 공화국으로 피신하게 했다. 또한 독일인, 무엇보다도 유대계 독일인 문화 비평가들에게 비교적 사유 방식은 결정적이며 실존적인 중요성을 띠기 시작했다. 처음에는 은유적으로, 그다음에는 문자 그대로 망명길에 오른 비평가들은 유럽 문화에 대한 장기적 안목으로 스스로를 위로했다. 히틀러는 아무리 애를 써도 역사를 바꿀 수는 없었다.

1918년 적대 행위가 중단된 후, 야심 찬 독일어권 학자 집단은 해외로 눈을 돌리기 시작했다. 전후 화해의 정신에 따라 로망스어 문헌학—프랑스어, 스페인어, 이탈리아어와 같은 로망스어를 비교 연구하는 분과 학문—의 학자들은 국가적 전통의 편협한 환원주의에 저항하는 방법으로 로망스어 문학이나 라틴 문학 같은 포괄적인 범주를 강조하는, 의식적으로 유럽적인 사고방식을 채택했다. 이러한 비평가들의 작업이 유럽 비교문학 모델의 위대한 유종의 미를 대표한다면, 이는 이들 중 일부가 강제적인 지리적 망명에 몰리기 전에 이미 일종의 자발적인 지적 망명에 들어갔기 때문이다. 이 시대의 영향력 있는 비교문학자 가운데—1918년 오스트리아-헝가리 제국의 붕괴로 특징지어지는 '유럽' 문학사(1935년)와 '세계' 문학사(1941년)를 각각 집필한 헝가리 학자 버비츠 미하이Babits Mihály와 세르브 언털Szerb Antal이 포함하여—위대한 인물 세 명이 눈에 띈다. 바로 에른스트 로베르트 쿠르티우스(1886~1956), 레오 슈피처(1887~1960), 에리히 아우어바흐(1892~1957)이다.

줄곧 비교문학의 '황금기'를 대표하는 인물로 함께 분류되는 이 세 비평가는 사실 재능과 기질에서 상당한 차이를 보였다. 매우 보수적인 인물이었던 쿠르티우스는 제1차세계대전이 시작될 무렵 독일 본대학교에 자리를 잡고 제2차세계대전 내내 그곳에 머물면서 셋 중 가장 전통적인 경력을 쌓았다. 바로 이러한 이유로 나치 정권에 암묵적으로 협력했다는 의심을 받기도 했다. 하지만 사실 쿠르티우스는 유럽 문화의 인문주의 역사 전반에 걸쳐 최대한 폭넓게 활동하며 프랑스 독일 간의 이해를 증진했고 특히 그가 등한시되었다고 여겼던 전근대 시기에 주목했다. 나치 집권 시기 내내 쿠르티우스는 1948년에 비교문학의 불후의 걸작 중 하나로 등장할 저작인 『유럽 문학과 라틴 중세』 집필에 애썼다.

쿠르티우스의 연구가 지닌 중요성은 지리적 폭뿐만 아니라 역사적 깊이로도 측정할 수 있다. 고대에서 근대에 이르기까지, 호메로스에서 괴테에 이르기까지 쿠르티우스는 문학사의 '유럽화'를 추적하며, 특히 근대 유럽 문화를 등장할 수 있게 한 **링구아 프랑카**가 존재했던 중추적인 시기로서, 라틴어로 된 중세 문학에 주목한다. 국제 교류에 대한 도전적인 주장과 함께 그가 쓴 1940년대 최고의 저작 상당 부분은 항상 이미 비교 대상이 되었던 중세로 회귀한다는 특징을 지닌다. 1944년에 쓴 편지에서 쿠르티우스는 이 시기의 매력을 기억에 남을 만큼 실용적인 언어로 다음과 같이 기술했다. '자국어, 자국 문학, 자국 문헌학 사이에서 근대적 분업이 얼마나 무의미한지 아무도 깨닫지 못한 것 같다. 독일의 사건들에 대해서만 쓰고 독일어로 된 자료만 사용했던 중세 역사가를 사람들은 어떻게 생각할 것인가?'

비교문학에 대한 쿠르티우스의 역사적 접근 방식은 슈피처가 선호한 문헌학적 방법론과 대비될 수 있다. 위대한 로망스어 문헌학자 세 명 중 가장 기민했던 빈 출신 슈피처는 가장 뛰어난 중부 유럽 전통에 자리잡았던 다언어구사자였다. 다양한 언어에 능통했으며, 문헌학적 분석과 심리학적 분석을 결합하여 예리한 효과를 거둔 슈피처는 비교문학자 중의 비교문학자였다. 그의 방대한 저작을 뒷받침하는 것은 언어적 세부 사항이 개념적 논증을 반영하는 방식과 함께 문체에 대한 반복적인 집착이었다. 슈피처의 손에서 문체는 언어의 움직임과 의미에 중요한 단서를 제공하는 언어의 신체 언어로 나타났다.

쿠르티우스의 걸작이 출간된 1948년, 『언어학과 문학사

Linguistics and Literary History』에 관한 에세이를 통해 슈피처는 자신의 방법론을 '문헌학적 순환philological circle'이라는 개념으로 요약했다. 슈피처는 문체론에 대한 자신의 전형적인 접근 방식에 따라 하나의 문체적 특징—예를 들어, 라블레의 신조어 사용—을 통해 작품을 하나의 전체로 폭넓게 이해할 수 있으며, 이러한 전체가 문체적 특징에 대한 우리의 관점을 수정하고 문맥화한다고 주장했다. 유럽 전통에 대한 슈피처의 견해에도 비슷한 논리가 더 일반적인 방식으로 적용된다고 볼 수 있다. 가령 단일 텍스트를 분석하면 언어적 세부 사항들이 드러난다. 하지만 이러한 세부 사항들은 독일인들이 지성사Geistesgeschichte라고 부르는 광범위한 비교적 맥락에서 이해되어야 하며, 이러한 맥락은 결국 개별 작품에 대한 우리의 인식을 바꾸어 놓는다. 아마도 슈피처는 나보코프가 학생들에게 '세부 사항들을 애지중지하라'라고 했던, 인상적인 조언을 지지했을 것이다.

하지만 이 로망스어 문헌학자들이 대체로 간과했던 한 가지 주요 맥락, 즉 전기적 맥락이 존재한다는 점은 주목할 만하다. 그들의 상황을 고려할 때 이러한 생략은 더욱 두드러진다. 즉 인문주의 전통의 문헌학적 유산에 집중하기로 한 결정은 당시의 소용돌이치는 혼란과 거리를 두려는 시도로 볼 수 있는 것이다. 슈피처와 아우어바흐의 경우, 이러한 은유적 거리는 이들이 망명길에 오르면서 문자 그대로 현실이 되었다. 운명적 해인 1933년, 슈피처는 나치 독일을 떠나 이스탄불로 옮겼고, 3년 후에는 미국 볼티모어에 있는 존스홉킨스대학교 교수직을 맡기 위해 유럽을 떠났다. 그리고 아우어바흐는 1935년 독일을 떠나 이스탄불에서 슈피처의 자리를 물려받을 것이었다. 그후 몇 년 동안 이스탄불은 전후에 부상할 비교문학의 훈련장이 되었다.

주장하건대, 전후 비교문학의 발전은 다른 어떤 사상가보다 에리히 아우어바흐에게 더 큰 빚을 지고 있다. 이는 어느 정도는 망명의 매력에 기인한다. 비교문학처럼 상징 자본에 민감한 분과 학문의 경우, 동양과 서양, 아시아와 유럽 사이에 위치한 보스포루스해협의 도시와 아우어바흐의 연관성은 거부하기 어렵다. 그러나 이는 무엇보다도 그의 대표작인 『미메시스: 서양 문학에 나타난 현실 재현*Mimesis: Dargestellte Wirklichkeit in der abendländischen Literatur*』(1946)을 비롯한 매우 광범위한 저작들 덕분이기도 하다. 전쟁중 이스탄불에서 집필한—아우어바흐는 1947년 미국으로 이주할 것이었다—『미메시스』는 20세기 후반 비교문학의 틀을 세웠다. 호메로스에서 버지니아 울프에 이르는 일련의 꼼꼼한 읽기를 통해 아우어바흐는 자신이 '출발점'이라고 부르는 텍스트들로부터 추론하여 서양 문학의 역사를 고급 문체와 저급 문체 사이의,

서로 다른 수준의 리얼리즘 사이의 끊임없는 재협상으로 서술한다. 한 가지 예를 들자면, 첫 장에서 그는 오디세우스의 유모 에우리클레이아가 귀향 영웅 오디세우스를 흉터로 알아보는 순간(그림 8 참조)과 창세기에서 아브라함이 이삭을 바치는 장면을 대조한 다음『오디세이아』와『구약성경』의 묘사 방식에 대한 더욱 폭넓은 논의를 시작한다. 이러한 비교 기법을 확립한 후 아우어바흐는 고전, 중세, 근대에 이르기까지 이를 계속 추구한다.

놀랍게도, 아우어바흐는 전시 이스탄불에 있었을 때 발이 묶인 채 '자료가 풍부하고 전문화된 도서관'을 찾아보지 않고 이 모든 것을 해냈다고 주장했다. 책도 없이 고립되었던 이 학자에 대한 이러한 전설은 분명히 과장되기는 했으나, 교훈적인 면이 없지는 않다. 일부 사람들은 심지어 그에 대한 전설이 이 책의 성공 이유라고 주장하기까지 한다. 아우어바흐가 독창성을 더 많이 버리고 자신의 자료들에 의지했을 때 쓸 수 있었을 책보다 더 독창적인 책을 쓸 수밖에 없었다는 것이다. 그렇지만 그는 서양 전통을 분명히 존중하고 있었다. 또한 독창성에도 불구하고『미메시스』는 아우슈비츠 시대에 인문주의 문화를 보존하려는 시도라는, 가장 좋은 의미에서 보수적인 책이다. 이 책이 자아내는 비가적 어조는 그 힘의 일부이다. 나치로부터의 영웅적인 망명 상태에서 활동했던 이러한 주요 게르만 유럽 출신 비교문학자들의 위대한 시대는 라틴어와 기독교의 뿌리에서 멀어진 것으로서 정의되는 유럽 문화의 **후기** 시대이기도 했다. 아우어바흐가 비교문학의 역사에서 중추적인 인물로 남아 있다면 이는 그가 과거를 찬양하는 동시에 미래를 예측했기 때문이다.

이는 1952년 「세계문학의 문헌학Philologie der Weltliteratur」이라는 제목의 에세이에서 가장 분명하게 드러난다. 아우어바흐는 이 무렵 유럽을 넘어서는 움직임이 강력해지기 시작되고 있음을 인정하면서도, 이러한 전후 시기에 전개되고 있는 세계문학의 문제점을 빈틈없이 파악한다. 유럽-아메리카 모델과 러시아-볼셰비키 모델이라는 두 가지 지배적인 문화 모델만 급속히 확산하면서, 언어와 문학의 차이가 평준화되고 표준화되어 세계문학의 꿈이 곧 '단번에 실현되고 파괴'될 위험에 처할 수 있다는 것이다. 아우어바흐 자신의 망명 경험은 슈피처의 문헌학적 순환 개념을 참조해서, '비교적 순환'이라고 칭할 수 있는 그의 애조 띤 설명에서 반향한다. 즉 비평가의 가장 귀중한 자산은 자신의 문화이다. 그러나 이 문화에서 벗어날 때 비로소 진정한 통찰력을 얻을 수 있다는 것이다. 제2차세계대전이 끝날 무렵, 유럽에도 같은 논리가 적용되었다고 볼 수 있다.

8. 〈오디세우스와 에우리클레이아〉, 크리스티안 고틀로프 하이네

'미국 비교문학'의 세계적 진출

슈피처와 아우어바흐 같은 선구적인 인물들의 발자취를 따라 비교문학이라는 분과 학문은 주로 1950년대에 대서양을 횡단하는 사건을 계기로 급부상하기 시작했다. 히틀러가 유대계 과학자들을 유럽에서 몰아냄으로써 미국의 핵무기 개발을 도왔다면, 이와 비슷한 일이 문학 비평에서도 일어났다. 유럽 출신 망명자들은 자신들의 전문 지식을 미국 대서양 연안의 대학교들로 가져갔고, 이들의 영향력은 조지 스타이너나 장 스타로뱅스키Jean Starobinski와 같은 (적어도 어느 정도는) 미국식 교육을 받은 차세대 선두적 유럽 비교문학자들로 이어졌다. 비교문학은 자신의 유럽 대륙 기원을 뛰어넘어 성장했다.

미국에서 곧 '비교문학'으로 알려지게 된 것의 발전에 가장 큰 영향을 미친 인물은 아마도 르네 웰렉René Wellek, 1903~1995일 것이다. 예일대학교의 체코 출신 망명자였던 웰렉은 (1949년 오스틴 워런Austin Warren과 공저한) 『문학의 이론 *Theory of Literature*』과 8권으로 구성된 『근대 비평의 역사*A History of Modern Criticism*』를 비롯한 수많은 중요한 문학 연구서를 썼다. 그의 학설은 가장 포용적 입장을 취했다. 웰렉은 '비교'를 '한 국가민족 문학의 한계를 초월하는' 모든 접근 방식으로 이해하며, 주로 프랑스에 초점을 맞춘 좁은 의미의 출처와 영향 중심의 접근을 거부했다. 그는 「비교문학의 위기The Crisis of Comparative Literature」(1959)라는 제목의 에세이에서 '비교'라는 형용사를 완전히 없애고 철학 교수와 마찬가지로 '문학 교수'라고 말하는 것이 이상적이라고 주장했다. 비교문학에 대한 웰렉의 포괄적인 이해는 비교문학의 '미국 학파'로 알려진 것, 즉 오늘날에도 여전히 번성하는 이론 중심의 비교문학 형성에 크게 기여했다.

그렇다고 해서 그가 그러한 이론적 발전에 반드시 동의했다는 말은 아니다. 사실 웰렉은 자신이 해체주의와 탈구조주의의 '새로운 허무주의'라고 명명한 것을 비판하게 되었다. 언어적 자기 집착이 학생들을 위축시키고 문학의 기본적인 인문주의적 울림을 박탈할 수 있다는 우려에서였다. 수사학적 기술에 대한 이러한 강조가 학생들을 배제하든, 아니면 학생들을 끌어들이든—특정 유형의 대학원생들은 항상 어려움을 겪게 마련이다—, 1960년대와 1970년대에 '예일학파'의 비평가 제프리 하트먼Geoffrey Hartman과 폴 드 만 같은 인물들이 비평 이론을 학문의 필수 요소로 옹호하면서 미국의 비교문학 교육과정이 점점 더 이론화되었다는 것은 의심할 여지가 없다. 1975년 한 교육과정 제안서에서 드 만은 '주안점이 언어에 관한 언어로서의 문학, 또는 메타 언어적 학문으로 점점 더 옮겨가고 있다'라고 썼다. 웰렉 자신이 이러한 메타언어를 말하는 법을 전혀 배운 적이 없다는 점을 감안할 때, 캘리포니아대학교에서 그의 이름을 따서 만든 비교문학의 권위 있는 강연 시리즈에 매우 많은 메타 언어 원어민이 강연했다는 사실은 역설적이다.

비교문학은 미국을 넘어 전후 시기에 전 세계적으로 자리잡기 시작했다. 대체로 비교문학은 20세기 후반에 걸쳐 전반기의 민족주의적 열기에 대한 지속적인 반작용으로 발전했다. 유대계 문학자들은 유럽을 떠날 때 '유럽 정신'을 함께 가져갔으나, 돌이킬 수 없이 고향에서 추방했다는 의식, 루카치의 표현을 빌리자면 일종의 초월적 실향상태도 같이 가져갔다. 비교적 관점은 문화적 미덕을 정치적 필요성에서 벗어나게 하는 수단으로, 문화 간 공간에서 영구적인 망명 상태를 구축하는 방법으로 등장했다. 따라서 밀수꾼과 정보요원이 비교문학자들이 선택한 은유가 된 것은 놀라운 일이 아니다. 스타이너는 자서전에서 "평생 나는 이중 또는 삼중 간첩 역할을 하려고 노력했다" "하나의 위대한 언어와 문학에 다른 언어와 문학의 필요성을 제시하려고 했다"라고 말했다. 비교문학에서 가장 독창적인 발전의 상당수가 전 세계의 주변부에서 나왔다는 사실은 놀랍지 않다.

1960년대에 본격적으로 '중심부'와 '주변부'라는 언어에 대한 재평가와 함께 비교문학은 전 지구적 학문으로 재편되기 시작했다. 인도, 중국, 아프리카의 비교문학은 오랫동안 존재해왔고, 각각의 지역적 중점과 변형이 있었으나—예를 들어 인도에서는 1956년에 비교문학 학과가 최초로 개설되었다—주요 서양 언어가 지배하는 문학 시장에서 주목받는 데 어려움을 겪어왔다. 하지만 1960년대의 사회적 격변기에 접어들면서 기존의 권력 구조와 권위는 정치적으로뿐만 아니라 문화적으로도 점점 더 많은 공격을 받고 있었다. 1961년 카리브제도 출신의 이론가 프란츠 파농Franz Fanon이 『대지의 저주받은 사람들*Les Damnés de la Terre*』을 출간하고, 이후 학생 운동이 일어나면서 서양의 지적 제도를 꿰뚫는 탈식민주의의 대장정이 속도를 내기 시작했으며, 국가적 억압에 맞서 국제적 연대를 이루자는 공감대가 형성되었다. 1970년대와 1980년대에 걸쳐 비교문학 연구를 형성하게 될 문학 이론, 특히 '프랑스' 이론은 이러한 세계화 사고의 정신에서 발전했다. 이 시기의 주요 사상가들, 즉 자크 데리다의 해체론, 줄리아 크리스테바의 '상호텍스트성intertextuality' 개념(상자 6 참조)은 파리와 같은 문학 중심지가 아닌 알제리나 불가리아라는 문화적 주변부에서 등장했다는 사실이 종종 지적되었다. 당시의 유명한 표현을 빌리자면, 제국이 되받아 쓰고 있었던 것이다.

제국은 여전히 되받아 쓰고 있다. 번역학, 문화연구, 세계시민주의, 페미니즘, 오리엔탈리즘 등 20세기가 끝나갈 시기에 비교문학을 정의했던 이론과 논쟁은 형태는 바뀌었을지라도 오늘날에도 계속 우리와 함께한다. 이러한 주제들은 역사를 구성하는 것이 아니라 비교문학의 계속되는 이야기이므로 이 책의 4장에서 다루는 것이 적절하다. 비교문학은 (세계화라는 개념 자체에 의문을 제기하는 목소리가 점점 커지고 있더라도) 이미 오래전부터 세계적 대규모 사업이 되었으며, 현재 비교문학의 위상은 끊임없이 논쟁의 대상이 되는 문학적 국제연합으로서의 위치를 반영한다. 유럽에 대한 역사적 강조는 여전히 문제적이지만, 비교문학은 국제 관계의 윤활유이자 자극제, 비밀 요원으로서 비교문학의 발전을 이끌어왔다. 그 자신의 역사를 거치면서 훨씬 더 정치화되었다면, 이러한 역사를 이해해야만 비교문학의 현재와 가능한 미래의 위상을 온전히 이해할 수 있다.

상자 6. 상호텍스트성

불가리아계 프랑스 비평가 쥘리아 크리스테바Julia Kristeva가 1966년에 처음 소개한 '상호텍스트성'이라는 용어는 인문학 전반에 걸쳐 놀랍도록 성공적인 경력을 누려왔다. 이 개념에 따르면 모든 텍스트는 다른 텍스트의 '흡수와 변형'을 통해 구성되며, 모든 글은 '인용문의 모자이크'이다. 이는 암시, 인용, 패스티시, 번역이 혼합된 『황무지*The Waste Land*』나 『피네건스 웨이크*Finnegans Wake*』와 같은 모더니즘 작품에서 거의 문자 그대로 사실이었지만, 지식의 상호텍스트성이 포화된 멀티미디어 시대에는 한 텍스트가 다른 텍스트에 참조하는 모든 종류의 것을 포괄하는 더욱 광범하고 은유적인 용어로 발전했다. 비교문학의 모델로서 상호텍스트성은 '영향력'보다 훨씬 더 광범위한 캔버스를 제공한다. 한 작품과 다른 작품의 관계뿐만 아니라 기존의 틀을 통해 이 관계를 이해하는 방식도 강조하기 때문이다. 요컨대, 의미는 텍스트들 '사이'의 여백에서 찾을 수 있다.

제 4 장

분과 학문들과 논쟁들

1993년 영국 학자 수전 배스넷Susan Bassnet은 비교문학이 쇠퇴하고 있다는 요지의 글을 썼고, 10년 후 인도 출신 비평가 가야트리 차크라보르티 스피박Gayatri Chakravorty Spivak은 한 걸음 더 나아가 '(비교문학이라는) 분과 학문의 죽음'을 선언했다. 그로부터 10년이 채 지나지 않아 그러한 비교문학의 부고는 명백히 틀렸다는 것이 증명되었다. 거의 틀림없이 인문학의 다른 어떠한 학문보다도 비교문학은 언어, 문학 비평, 문화연구 사이의 전략적 위치에 힘입어 최근 수년 동안 급증하는 관심을 받았다. 실제로 비교문학은 이러한 위치와 주변 학문 분야와의 흡수력 있는 관계에 의해 정의된다. 기생충과 카멜레온이 반반씩 섞여 있는 비교문학은 다른 학문 분야의

색채를 취하는 동시에, 다른 학문 분야로부터 자양분을 뽑아낸다. 만일 이 때문에 비교문학이 지적 유행의 변화—그 자체로 중요하나 탐구되지 않은 주제—에 특히 취약하다면, 또한 이 때문에 비교문학은 21세기 문학 문화의 변화하는 위상과 목적에 대한 광범한 논쟁의 장이 된다.

'비교문학'이라는 용어 자체는 여러 면에서 의미를 탐색하는 범주에 속한다. 아마도 최근 몇 년간의 가장 큰 교훈은 비교와 문학이라는 두 부분 모두 잠정적이라는 사실일 것이다. 우리는 '비교'라는 형용사가 정치적, 언어적 상황의 변화에 따라 그 강조점이 어떻게 달라지는지 보았다. 그렇지만 '문학'이라는 명사 역시 전통적인 가정에 따른 안정적인 기표와는 거리가 멀다. 1970년대에는 문학 이론이, 1980년대에는 문화 연구가 부상하면서 '텍스트' 개념에 대한 이의 제기가 시작했다. '고급' 문화와 '대중' 문화 사이의 장벽이 점점 모호해지고, '정전' 개념이 문제시되면서, 이전에는 의심의 여지가 없던 언어 예술의 궁극적 형태로서의 문학의 정당성에 의문이 제기되기 시작했다. 이미 본질적으로 불안정한 비교문학은 두 배로 불안정해졌다. 그 어느 때보다도 지금 비교문학은 스스로를 비학문상태라고 주장하고 있다.

바꿔 말해 1960년대 이래 비교문학은 다양한 경쟁 학문 분야로 분화되었다. 따라서 오늘날 인문학 내에서 비교문학의 위치를 가늠하는 가장 정확한 방법은 아마도 문학이론, 문화연구, 탈식민주의, 세계문학, 번역학, 수용 연구를 포함하는 인접 학문에서 비교문학이 다양하게 실현되고 있음을 고찰하는 일일 것이다. 이러한 분야와 다른 관련 분야의 복합체로 이해되는 비교문학은 언제나 비교 **지점**을 전제로 하며, 이러한 의미에서 비교적 실천은 언제나 비교적 편견이기도 하다(철학자 한스게오르크 가다머Hans-Georg Gadamer의 주장에 따르면 편견은 판단을 가능하게 하는 전제이므로 반드시 부정적인 것만은 아니다). 비평가뿐만 아니라 창작자에도 강조점을 두는 것을 고려할 때, 비교문학의 비학문성은 이러한 논쟁에서 관찰자의 편애와 전제가 관찰 대상의 그것들만큼이나 중요한 탐구 방식으로 부상한다. 또한 비교문학은 한마디로 비교문학자의 문학이기도 하다.

문학 이론

비교문학의 현대적 개념들의 핵심에는 역설이 있다. 비교문학은 스스로를 정당화하기 위해 더욱 이론적 성격을 띠게 되었지만, 이 이론의 표면적 대상인 문학은 점점 더 소외되어 버렸다. 이 주제에 대한 이론적 논의들은 때때로 한 텍스트를 다른 텍스트와 비교하는 실제 작업을 밀어내는 것처럼 보일 정도로 확산되었다. 또한 학계 내에서 비교는 줄곧 수행되기보다는 개념화되고, 실천되기보다는 이론화된다. 요컨대 문학 이론의 성장을 이해하지 않고 비교문학의 성장을 이해하기란 불가능하다.

구조주의, 탈구조주의, 페미니즘, 탈식민주의와 같은 영향력 있는 학파에서 볼 수 있듯이 인문학 전반에 걸친 문학 이론의 놀라운 성공은 필연적으로 비교라는 전제에 의존해왔다. 다시 말해 문학 이론은 비교문학에서 등장했는데, 그것의 인습 타파적 에너지는 무엇보다도 정돈된 국가적 전통에 대한 거부와 전통적 글쓰기 모델을 재고하려는 시도에서 비롯했다. 이론은 실천과 달리 국가 간 이동이 쉬운데, 지식의 국제 시장에서 이론적 모델은 '이론상으로는' 보편적으로 적용될 수 있기 때문이다. 이러한 점이 야심 찬 비교문학자들로 하여금 자신들의 주제에 대해 이론화하려는 자연스러운 경향을 부추기는 것은 놀라운 일이 아니다. 비교에 관한 글쓰기는 언제나 비교하는 글쓰기만큼이나 비교문학의 중심이었다.

지난 50년 동안 변화한 것은 문학 이론이 그 자체로 하나의 학문으로 부상했다는 점이다. 비교문학이 1970년대와 1980년대의 '이론 전쟁'의 핵심 전장이었다면(상자 7 참조), 비교문학의 지형에는 상처가 남아 있는데, 아마도 그중 가장 중요한 것은 '문학'이라는 개념 자체가 문제시되었다는 점일 것이다. 스위스 사상가 페르디낭 드 소쉬르Ferdinand de Saussure는 중요한 저서 『일반 언어학 강의*Cours de linguistique générale*』(1916년 사후 최초 출간)에서 집단적 현상으로 이해되는 언어(랑그langue)와 개인적 개입으로 이해되는 발화(파롤parole) 사이의 기본적 구분을 제안했다. 문학의 '작품'을 이해하는 방식에 내재한 사회적, 언어적 코드, 즉 텍스트와 문맥의 관계에 주목하는 소쉬르의 구분은 현대 문학 이론의 출발점을 효과적으로 표시했다.

글쓰기의 전제 조건에 대한 이러한 자의식의 증가는 비교문학에 중대한 영향을 미쳤으며, 비평가의 이데올로기적 충성도를 더욱 중요시했다. 문학 이론은 문학을 그것에 작용하는 경제적, 심리적, 정치적, 문화적 또는 성적 권력의 산물로 묘사함으로써 문학의 자율성을 제약하는 역설적인 효과를 가져왔다. 정신분석학의 시각에서 『햄릿*Hamlet*』은 오이디푸스적 갈등의 이야기로 등장하고, 탈식민주의적 관점에서 다시 읽은 『템페스트』는 아메리카 대륙에 대한 초기 근대 착취를 반영한다. 비평가의 역할은 텍스트가 '실제로' 무엇을 의미하는지, 표면적인 의도에도 불구하고 우리에게 무엇을 말하는지 알아내는 것이 된다. 더 나아가 비교문학 비평가의 역할은 수많은 텍스트가 실제로 무엇을 의미하는지 비교하고 언어 간 현상으로 이해되는 문학이 표면적인 의도에도 불구

상자 7 이론 전쟁

20세기 초 소쉬르의 언어학과 그보다 한 세기 전의 낭만주의까지 그 기원이 거슬러올라가는 현대 문학 이론은 1960년대에 급격히 진전되었다. 전후 수십 년 동안 고등 교육이 확대되면서 인문학계 학자들은 텍스트 자체보다는 언어의 '구조'와 텍스트에 대해 글을 쓰는 방식(그리고 실제로 우리가 글을 쓰는 방식에 대해 글을 쓰는 방식)에 더 집중하기 시작했고, 비평은 '이론'이 되었다. 1970년대와 1980년대 내내 구조주의자들은 마르크스주의자들을 비난하고 페미니스트들은 프로이트주의자들을 공격하는 등 서로 대립하는 이데올로기 사이에서 이른바 이론 전쟁이 벌어졌다. 지금은 이러한 설전이 자기중심적인 것처럼 보일지 모르지만—가끔은 영국 코미디 그룹 몬티 파이선Monty Python의 유다 인민 전선Front of Judea과 유대인 인민 전선Judean People's Front의 다툼을 떠올리게 하는—이러한 논쟁에 걸려 있는 것은 '문학이 무엇을 의미하는지를 말할 권리가 누구에게 있는가'라는 본질적으로 정치적인 질문이었다. 문학을 이론화한다는 것은 지역적 현상으로 이해하든 보편적 현상으로 이해하든 문학을 정치화한다는 것을 의미했다.

하고 우리에게 무엇을 말하는지 확립하는 데 있다.

이 모든 것은 '문학'이 실제로 무엇인지에 대한 기본적인 질문을 제기한다. 1959년 르네 웰렉이 "우리는 미학의 중심 문제인 '문학성literariness'의 문제에 직면해야 한다"라고 지적한 것처럼, 웰렉의 문학성 개념은 고급 이론(때로는 '프랑스 이론'이라고도 불린다)의 용어로 번역되어 롤랑 바르트의 **글쓰기** écriture 개념으로 다시 등장한다. 바르트는 첫번째 저서인 『글쓰기의 영도*Le degré zéro de l'écriture*』(1953)부터 『텍스트의 즐거움*Le plaisir du texte*』(1973)과 같은 후기 저작에 이르기까지 텍스트의 의미가 '글쓰기'로 생산되는 방식에 대한 독창적인 관점을 발전시켰다. 비교문학의 관점에서 중요한 것은, 바르트가 문학적 문체를 이데올로기적 현상으로서 효과적으로 무기화한다는 점이다. 예를 들어, 『글쓰기의 영도』에서 그는 개인의 문체를 집단적 언어(소쉬르의 **랑그**)에 대립시키면서 알베르 카뮈Albert Camus의 『이방인*L'Étranger*』을 그것의 중립성을 통해 이데올로기적 전유에 저항하는 '백색 글쓰기'의 사례로 칭찬한다(가령 19세기 리얼리즘이 자의식적으로 '예술'의 지위를 주장한 것과는 대조적이다). 따라서 문체를 비교한다는 것은 이데올로기를 비교하는 것이다.

바르트의 **글쓰기** 개념은 자크 데리다Jacques Derrida가 세 권의 주요 저서를 출간한 해인 1967년에 결정적인 전환점을 맞이한다. 널리 알려진 대로 데리다의 목표는 서양의 전통을 '해체'하는 것이었는데, 이를 달성하기 위해 그가 주로 사용한 방법은 서양 사상을 구성하는 표준적인 이분법적 대립(존재 대 부재, 말 대 글, 자연 대 문화)을 해체하는 것이었다. 이 작업에서 데리다의 주요 무기는 **차연**différance이라는 개념이었다. 이 개념은 의미가 차이화와 지연의 동시적 과정을 통해 생성되며, 그 의미를 동시에 복수적이면서도 결코 완전히 현존하지 않게 한다는 것을 나타내기 위해 그가 만든 용어였다. 다양한 언어적 전통에서 텍스트를 가져오는 데리다의 접근 방식의 본질이 태생적으로 비교적이라는 점 외에도, 그의 놀랍도록 예리한 방법론은 비교문학에 두 가지 중요한 함의를 제공했다. 첫째, **차연**이라는 개념은 언어 자체에 대한 비교적 접근을 수반하는데, 의미는 한 기호와 다른 기호 사이의 틈새와 '차이'(예: **차이**와 **차연** 사이)에서만 드러난다. 둘째, 해체 기획은 국가적 전통 간의 관계로 확장될 수 있었고, 실제로 확장되어 서양 문학의 '정전' 자체가 해체되고 재검토되기 시작했다. 반권위주의 시대에 언어의 이데올로기적 전제에 대한 데리다의 공격은 광범위한 결과를 가져왔다.

이러한 결과 중 하나는 이론적으로 변화한 페미니즘의 부상이었다. '여성적 글쓰기écriture féminine' 분야도 마찬가지로 해체가 필요했는데 왜냐하면 그 전제와 기법이 오랫동안 가부장적 전제 조건에 의해 규정되어왔기 때문이다. 1970년대에 걸쳐 엘렌 식수Hélène Cixous와 쥘리아 크리스테바 같은 이론가들은 '다락방의 미친 여자'—샌드라 길버트Sandra Gilbert와 수전 구바Susan Gubar가 빅토리아시대 문학을 재고찰한 영향력 있는 저작의 제목—에 주목하게 되었고, 여성 작가들이 언어와 작가 정체성에 대한 남성적 개념('남근 중심주의'로 알려진)의 압력하에서 자신들만의 목소리를 발전시키기 위해 고군분투했는지를 탐구했다. 1975년 식수의 영향력 있는 에세이를 인용하자면 메두사의 웃음은 문학에 대한 접근 방식을 페미니즘적으로 재개념화하기를 재창하는 구호가 되었고, 남성적인 것과 여성적인 것으로 이해되는 중요한 텍스트와 중요하지 않은 텍스트의 위계를 재평가하는 근거로 떠올랐다. 이 새로운 체제하에서 문학을 비교한다는 것은 또한 문학의 젠더를 비교하는 것이기도 했다. 다락방의 미친 여자가 지하실의 비교문학자에게 자리를 내주면서 문학 전통에 대한 젠더 읽기의 토대가 마련되었다.

따라서 문학 이론의 부상은 다름 아닌 문학의 수사학적 기법뿐만 아니라 문화적 구성물로 이해되는 문학의 개념 자체에 대한 새로운 관심을 불러일으켰다. 사실 '이론'이라는 것은 존재하지 않는다. 주어진 주제(2장에서 논의한 용어로 돌아가서)보다는 구조주의에서 해체주의, 정신분석에서 페미니즘에 이르기까지 각 이론이 특정한 방법을 강조하는 이론의 확산만 있을 뿐이다. 그러나 비교문학에 대한 근본적인 영향은 분명하다. 즉, '비교'와 '문학'이라는 두 개념에 대한 자의식이 높아졌다는 것이다. 비교문학이 고도로 이론적인 학문으로 남아 있다면, 이는 자신의 전제에 의문과 이의를 제기하는 이러한 기본적 경향 때문이다.

문화연구

1950년대와 1960년대에 파리에서 문학 이론이 자리를 잡기 시작했을 때, 영국해협 건너편에서는 다른 종류의 지적 운동이 전개되고 있었다. 전후 시대의 사회가 점점 더 혼합적이고 탈식민적으로 변화하면서 문화에 대한 탈근대적 감각이 점점 더 광범해졌다. 이전에는 인간 정신의 엘리트적 성취를 의미하던 문화라는 용어는 이제 소수 집단 하위문화에서 다수 집단 소비주의에 이르기까지 훨씬 더 넓은 범위의 언급 대상을 포괄하게 되었다. 문학 이론이 극도로 복잡한 예술작품(예를 들어, 데리다의 『산종*La dissémination*』(1972)은 말라르메의 『주사위 던지기*Un coup de dés jamais n'abolira le hasard*』나 필리프 솔레르스Philippe Sollers의 『숫자*Nombres*』와 같은 텍스트를 다루고 있다)을 거의 독점적으로 다루었다면, 새로운 학문은 더 광범위한 정치적, 종교적 철학과 사상을 포괄해야 했으며, 관심사에 있어서는 다양하고 노력에 있어서는 보편적이어야 했다. 전후 민주화의 정신에 따라 저학력자와 고학력자 모두 관습과 습관에서 동등한 정당성을 부여받게 되었고, 특권적 지식인과 대중은 동일한 사회 구조의 일부로 간주되었다. 이러한 파노

라마적 관점을 바탕으로 문화연구라는 새로운 학문이 탄생했다.

영어권만 본다면 문화에 관한 연구는 적어도 19세기의 매슈 아널드Matthew Arnold와 20세기 초의 T. S. 엘리엇 같은 주요 보수적 사상가들까지 거슬러올라가는데, 아널드는 1869년에 『교양과 무질서*Culture and Anarchy*』를, 엘리엇은 1948년에 『문화의 정의를 향한 소고*Notes Towards the Definition of Culture*』를 출간했다. 그러나 문화연구는 전후의 발명품이었다. 기존의 문화 연구가 '고급' 예술에 대한 전통적인 이해에 초점을 맞추었다면, 문화연구는 그 생각을 완전히 전복했다. 리처드 호가트Richard Hoggart와 스튜어트 홀Stuart Hall—둘 다 버밍엄학파Birmingham School에 속한다—같은 선구적인 인물들이 발전시킨 문화연구는 미학 이론인 동시에 사회학 이론이기도 했다. 호가트의 『교양의 효용*The Uses of Literacy*』(1957)은 레이먼드 윌리엄스Raymond Williams, E. P. 톰슨E. P. Thompson 등 같은 생각을 가진 사상가들에 의해 반향을 일으키며 확장됐다. 또한 부분적으로는 프랑크푸르트학파의 독일인 동료들이 '문화 산업Kulturindustrie'이라고 부르는 (주로 미국의) 것의 증대하는 헤게모니에 저항하기 위한 수단으로서 노동 계급 문화의 지속적인 활력을 옹호했다. 자메이카에서 식민지 주체로 성장한 경험을 바탕으로 '문화 비교학자cultural comparatist'가 된 홀은 헨리 제임스Henry James를 '디아스포라' 소설가로서 논하는 것이나 인종의 정치학, 계급 의식 또는 동시대 영화를 논하는 데 모두 능숙했다. 전후 세대의 비평가들에게 문화는 할리우드 언덕만큼이나 보통 사람들 속에서도 발견할 수 있는 것이었다.

버밍엄학파와 프랑크푸르트학파 모두 지배적 정통성과 권력 구조에 대한 마르크스주의적 분석을 바탕으로 좌파적 경향을 보였지만, 두 학파 사이에는 중요한 차이점 또한 있었다. 예를 들어, 영국의 문화 이론가들—홀은 이들의 전략을 '문화적으로 정치에 관해 이야기하고 정치적으로 문화에 관해 이야기하는 것'으로 간결하나 함축적으로 정의한다—은 독일의 문화 이론가들과 달리 정체성과 계급 의식의 표현으로서 청년 문화, 서인도제도나 동아시아 문화와 같은 이주민 및 소수 집단 문화의 정치학에 특히 관심을 가졌다. 하지만 아마도 두 학파의 접근 방식 사이의 결정적인 차이점은 영국의 문화 이론가들이 고급 예술뿐만 아니라 신문, 영화, 텔레비전, 광고 같은 일상의 인공물에 관한 관심을 발전시켰다는 점일 것이다. 문화 위계가 평평해진 전후 시대에 텍스트로 지정된다면 무엇이든 텍스트가 될 수 있었다. 텍스트에 이러한 지위를 부여하는 것은 텍스트의 고유한 특성이 아니라 우리가 텍스트를 인식하는 방식이다. 텍스트성은 보는 사람의 시선에 달려 있다는 것이 밝혀졌다.

문화 연구가 비교문학에 미친 영향은 분명했다. 대중매체 시대에 비교문학자에게는 두 가지 기본 침로가 주어졌다. 하나는 이제 유일하게 정당한 문화의 원천으로 '정전'을 고수하는 것이고 다른 하나는 텍스트 혁명의 멋진 신세계를 수용하는 것이다. 롤랑 바르트의 『현대의 신화*Mythologies*』(1957)는 이 두 침로 사이의 경계가 급속히 흐려지고 있음을 일찌감치 표현한다. '기호학semiology' 또는 기호에 대한 학문의 연구서로 선보인 이 책은 여러 면에서 1950년대에 발전하던 매체 연구의 입문서로서, '이론'과 '문화'가 상호 영향을 주는 개념으로 부상하던 방식을 제시한다. 고대와 마찬가지로 근대에도 신화가 존재하며, 바르트는 레슬링, 비누 광고, 아인슈타인의 뇌처럼 가장 있을 법하지 않은 곳에서 자본주의를 위해 활용되는 신화를 발견한다. 한 에세이에서 그는 잡지 〈파리 마치Paris Match〉 표지에 실린, 제복 차림 흑인 소년의 경례하는 사진(그림 9 참조)을 '프랑스는 위대한 제국'이자 인종이나 피부색에 상관없이 모든 시민의 충성을 끌어낼 수 있음을 보여주기 위한 기표의 집합으로 해석한다.

그렇게 함으로써 바르트는 우리 모두가 대기업과 탐욕스러운 정부에 속아 현대의 거대한 세뇌에 연루되어 있음을 암시한다. 상당한 독창성을 발휘해 그는 이데올로기 조작의 시대에 문화의 작용을 폭로하고, 언어적 기호가 의미하는 것 이상의 의미를 전달하는 방식을 예리하게 파악한다.

하지만 바르트의 중요한 연구는 비평가의 역할이 점점 더 정치화되고 있다는 사실 또한 보여준다. 바르트는 향후 50년 동안 보편화될, 즉 고급문화가 저급문화를 전유하는 자세를 취한다. 비평가는 대중매체를 진지하게 받아들이는 동시에 그것의 조작적 메커니즘을 폭로함으로써 자신이 동시대에 살고 있을 뿐만 아니라 그것의 속임수를 간파하고 있다는 사실을 보여줄 수 있다. 그렇게 함으로써 바르트는 교묘하게 자신만의 메타 신화적 서사를 암시한다. 선한 사람은 현대 문화의 이데올로기적 표면을 꿰뚫어볼 수 있는 엑스레이 시력을 지닌 지적 초인인 비평가이며, 악한 사람은 소비주의의 허위의식에 사로잡힌, 프랑스 지식인의 반복되는 악당인 부르주아지이다. 이러한 접근 방식—발터 베냐민Walter Benjamin이나 테오도어 아도르노와 같은 이전 세대의 사상가들이 예견한 방식—은 사실상 하나의 신화를 다른 신화, 즉 자신과는 반대되는 압도적인 힘에 굴하지 않는 비판적 영웅의 신화로 대체한다.

이러한 기법은 비교문학의 모델로서 문학 이론과 문화 연구의 성공을 설명하는 데 도움이 된다. 두 접근 방식—엘리트 예술에 대한 접근이든 일반 대중매체에 대한 접근이든—모

9. '사실, 발상, 결정'의 비교 순서: 광택이 나는 잡지의 식민주의. 롤랑 바르트, 『현대의 신화*Mythologies*』(1957)에서 재인용

두 비평가를 전면에 내세워 그의 작업을 전통적이며 부차적인 역할에서 현대 문화에 대한 주요 개입의 지위로 끌어올렸다. 문화 연구의 해석력은 분명 상당하다. 미학과 사회학을 결합하고 시급한 현대적 쟁점에 집중함으로써 문화 연구는 진정으로 비교 학문적인 사업을 대표한다. 또한 혼합된 매체와 붕괴된 위계에 대한 즐거운 학문에서 학제적이라는 말이 나오기도 전에 이미 문화 연구는 그러한 성격을 띠었다. 그렇지만 그것은 또한 비평가에게 특별한 책임감을 부여한다. 이제 비평가는 기존의 텍스트—문학처럼 언어적 텍스트이든 피부색처럼 시각적 텍스트이든—를 단순히 분석하는 데 그치지 않고 텍스트를 식별하고 정치화해야 한다. 마르크스의 말을 빌리면, 문학 비평가는 단지 세계를 해석하기만 했으나 문화 비평가에게 중요한 것은 세계를 꿰뚫어보는 것이다.

따라서 문화 비평가는 더이상 이미 확립된 정설에 얽매이지 않으며 자신의 이목을 끄는 모든 것을 비교할 수 있는 자유 면허를 부여받는다. 선택한 인공물에 '텍스트'의 지위를 부여하고 품위 있게 만드는 것은 바로 분석과 비교 행위이다. 시나 소설에 존재하는 미묘함과 정교함이 광고에 똑같이 존재하는지는 중요하지 않다. 이 장치를 가져오는 것은 비평가이다. 따라서 문화 연구의 출현은 비교문학의 지분을 줄이는 동시에 늘렸다. 이제 '문학' 텍스트뿐만 아니라 모든 것이 비교의 대상이 되기 때문에 비교문학의 지분은 낮아지고, 비교 대상 텍스트의 선택이 필연적으로 정치적 입장을 의미하기 때문에 그 위상은 높아졌다. 그 어느 때보다 비교는 이데올로기적이자 미학적 기획으로 부상하고 있다.

탈식민주의

탈식민주의 이론의 맥락에서 이러한 이데올로기적 색조가 가장 분명하게 드러난다. 아마도 지난 50년 동안 등장한 가장 영향력 있는 이론일 탈식민주의는 제2차세계대전이 끝나고 유럽의 주요 제국이 해체된 후 발전했다. 아시아의 영국적인 것과 아프리카의 프랑스적인 것은 퇴각하는 열강이 이론의 여지가 있는 문화유산을 남긴 대륙의 가장 명백한 예이다. 하지만 전 세계 다른 곳—라틴 아메리카, 카리브제도 등—에서도 역시 제국의 영향력이 계속 느껴졌으며 그에 대한 투쟁이 이어졌다. 많은 옛 식민지에게 독립은 시작에 지나지 않았다.

비교문학에 대한 탈식민주의의 함의는 복잡하고 논란의 여지가 있다. 하지만 정치에서와 마찬가지로 문화에서도 가장 중요한 쟁점은 권력의 문제다. 누가 문화의 생산과 해석을 통제하는가? 누가 지배적인 표현 방식을 결정하는가? 탈식민주의의 고전적 문제는 정치적 의미뿐만 아니라 도덕적, 문화적 의미에서 자율성 문제다. 정치적으로는 한 국가가 하룻밤 사이에 독립할 수 있지만, 지적으로 보면 독립은 여러 세대에 걸쳐 이루어질 수 있다. 제국주의 세력의 철수는 현지 관습과 식민적 모방, 반항과 존경의 불안한 혼합을 남긴다. 물론 수입된 언어로 글을 써야 한다는 단순한 사실로 인해 이러한 상황은 더욱 복잡해진다. 국제적으로 알려지기 위해 일부 인도 작가는 영어를, 일부 아프리카 작가는 영어 또는 프랑스어를 사용한다(여전히 더 많은 작가가 자신의 모어로 글을 쓰는 것을 선호하면서 식민 언어를 사용하지 않는다는 사실은 영어권과 프랑스어권 문학에 대한 표준 비평적 강조를 복잡하게 만드는 불편한 진실이다). 많은 '식민지' 작가들이 주장했듯이, 식민 언어라는 매체는 필연적으로 메시지를 왜곡하여 현지 경험을 전달하는 데 언제나 가장 적합하지는 않은 사고방식과 표현방식을 강요한다. 이로 인해 탈식민 문화는 토종 물고기도 외래 조류도 아닌 키메라가 될 위험이 있다.

비교문학의 관점에서 그러한 키메라는 물론 끝없이 매력적이다. 탈식민 문화의 바로 그 중간성, 잠정적이며 정치화된 성격, 국내 및 해외 영향의 혼합, 그리고 지역적 맥락과 보편적 공명의 끊임없이 변화하며 조합하는 방식, 이 모든 것이 비교의 본질 그 자체이다. 더욱 일반적으로 문학 이론과 마찬가지로, 문학에 적용된 탈식민주의는 본질적으로 비교적이며, 이는 탈식민주의가 현대 학문의 강력한 한 축으로—역사학자 디페시 차크라바티Dipesh Chakrabarty의 용어를 빌리자면 '유럽을 지방화하기provincializing Europe'라는 방식으로—발전한 이유를 설명한다. 따라서 탈식민주의의 가장 잘 알려진 개념 중 상당수가 이를 반영하며, 언제나 이미 비교적이라는 탈식민주의의 특징을 실행하고 있다는 점은 놀라운 일이 아니다.

1960년에만 약 17개의 사하라사막 이남 국가들이 프랑스, 영국, 벨기에로부터 주권을 되찾는 등 1960년대에 아프리카를 휩쓸었던 독립의 물결은 전후의 새로운 세계 질서가 있었기에 가능했다. 그러나 이데올로기적으로 볼 때 반식민 정서는 전쟁 전부터 이미 제국의 수도인 파리에서 가장 강력하게 형성되어 있었다. 1930년대 초, 프랑스 지배층의 심장부에서 식민지 출신 흑인 학생 세 명—마르티니크 출신 에메 세제르Aimé Césaire, 프랑스령 기아나 출신 레옹공트랑 다마스Léon-Gontran Damas, 세네갈 출신 레오폴 상고르Léopold Senghor 등—이 **네그리튀드**négritude 개념을 창안했다. 자신들의 소위 '열등한' 인종적 위치를 힘의 표시로 되찾으려는 도발의 의미로, 이 용어는 대단한 성공을 거두었다. 식민주의에서 탈식민주의로의 전환을 정의하는 개념으로서, 이 용어는 세 창시자의 이후 이력에 큰 반향을 불러일으켰다. 세제르와 다마스는 프랑스 의회에서 자국 대표로 활동했고, 상고르는 세네갈의 건국 대통령이 되었다. 이론이 이렇게 성공적으로 권력에 전달된 일은 드물다.

미학적으로 말하면, **네그리튀드는** 차용된 유럽의 가치에 대항하여 아프리카의 가치를 주장하려는 시도를 상징했다. 물론 문제는 토착 미학과 제국주의 미학이 필연적으로 얽혀 있던 식민 지배 시대에는 이러한 시도가 말처럼 쉽지 않다는 점이었다. 세제르와 상고르 같은 이론가들은 그들이 진정한 아프리카 미술—**토착 미술**에서 나타난 20세기 초 유럽의 유행적 모방과는 대조적이었다—이라고 여긴 것을 확립하기 위해 치열하게 싸웠다. 하지만 그들의 방식은 불가피하게도 아프리카 사상은 물론 유럽 사상에도 영향을 받았다. 단 하나의 예를 들자면, 『비극의 탄생*Die Geburt der Tragödie aus dem Geiste der Musik*』(1872)에서 설명한 것처럼 '디오니소스적' 예술과 '아폴론적' 예술이라는 니체의 구분—전자는 원시적이며 길들이지 않은 것이고 후자는 평온하고 통제된 예술이라는 구분—은 중요한 상호 텍스트로서 등장했다. 아프리카 예술은 피상적인 아폴론적 유럽에 대응하는 유기적이며 디오니소스적인 예술을 형성하는 것이었다. 그러나 실제로는 이 둘은 비교적으로 이해되었으며, 한쪽의 사상이 다른 쪽의 미학에 영향을 미쳤다.

아프리카와 함께 문학의 탈식민주의 모델을 발전시킨 또 다른 주요 대륙은 아시아였다. 그토록 방대한 대륙들을 소수의 개념으로 축소하는 것이 불가피하게 오도하는 것이라면—어쨌든 인도만 해도 스물두 개의 공용어를 사용한다—탈식민주의 이론에서 나온 가장 영향력 있는 단일한 개념은 바로 이러한 환원주의를 비판했다. 1978년에 발표된 에드워드 사이드 Edward Said의 연구서 『오리엔탈리즘*Orientalism*』(상자 8 참조)은 유럽 문학이 '동양'에—동양이 되기 위해 갖추어야 할—몇 안 되는 진부한 상투성clichés을 강요해온 방식을 보여주었다. 동양은 이국적이고, 여성스럽고, 순종적이라는 것으로 서양의 거울 이미지로 등장한다. 동양은 오직 관찰자의 머릿속에만 존재하며, 동양에 대해 그가 지닌 추정된 지식—전설과 신화에 불과한 것에 기반한—은 그에게 동양을 지배하는 힘을 부여한다. 이는 한마디로 타자의 화신이다.

사이드의 획기적인 모델은 동양을 넘어 식민 상호 작용의 모든 영역에 빠르게 적용되었다. 물론 (특히 사이드가 이전에는 '오리엔탈리스트'라는 중립적이었던 표현을 경멸적인 의미로 전유했다는 점에서) 비판적인 시각이 없었던 것은 당연히 아니다. 사이드의 오리엔탈리즘 개념이 획일적이고 자기파괴적이라고 생각하는 사람들도 있었고, 사이드의 불공정하며 부정확한 서양 텍스트 읽기를 비판하는 사람들도 있었다. 그렇

상자 8. 오리엔탈리즘

유럽인들은 언제나 아시아를 낭만적으로 묘사해왔다. 하지만 에드워드 사이드의 책 부제를 인용하자면 '동양에 대한 서양의 인식'이 문학의 문체적 및 문헌학적 전제까지도 내포하고 있음을 평론가가 알아차리는 데에는 그의 통찰력이 있어야 했다. 샤토브리앙이나 네르발 같은 작가들이 말하는 동양은 본질적으로 유럽의 발명품이며, (중)동 문화라는 실재 자체는 논란의 여지가 없으나, 그 환상은 외부 관찰자들이 그것을 자신들, 즉 기독교 문화에 대한 이국적인 대조물로 인식하도록 요구한다고 사이드는 책의 서두에서 주장한다. 미셸 푸코의 방식에 따라, 사이드는 이러한 오리엔탈리즘적 환상에서 권력으로서의 지식 행사를 포착한다. 유럽인들은 동양에 대한 지식을 주장하면서 암묵적으로 동양에 대한 권위를 주장하는데, 동양을 단일한 덩어리로 동질화함으로써 동양의 자율성을 부정한다. 따라서 오리엔탈리즘은 비교문학의 한 가지 모델로서 권력의 불균형을 전제로 하는 비교라는 개념 자체를 비판한다.

더라도 이 개념은 막대한 영향을 미쳤으며, 실제로 스리니바스 아라바무단Srinivas Aravamudan의 연구서 『계몽주의 오리엔탈리즘*Enlightenment Orientalism*』(2011)에서처럼 역사를 거슬러 올라가고, 횡적으로도 확장되어 북부 노르웨이의 '아크티시즘arcticism(북극주의)'과 같은 유사한 용어가 출현하기 까지에 이르렀다. 팔레스타인인으로서 사이드는 중동에 대한 서양의 이미지를 둘러싼 정치적, 문화적 민감성을 예민하게 인식하고 있었다. 또한 유럽 전통에서 교육받은 문학 평론가로서 문학을 비교하는 일이 종종 하나의 문학을 열등한 것으로 판정하는 방식과 다르지 않다는 점을 잘 알고 있었다. 가장 넓은 의미에서 관찰자가 대상을 왜곡하는 방식에 대한 비판—때때로 '오즈의 마법사 효과'('커튼 뒤에 있는 사람에게는 관심을 기울이지 말라')라고도 불린다—으로 이해되는 오리엔탈리즘은 그 자체로 비교문학의 한 학파를 형성했다.

식민 문학에 내재한 권력의 불균형을 넘어, 그것의 복합적 필요성을 미덕으로 만드는 것이 많은 탈식민 문학의 기교였음을 **네그리튀드**와 오리엔탈리즘 같은 영향력 있는 개념은 시사한다. 식민자와 피식민자 사이의 문제적 관계는 유럽 문학에서 새로운 것이 아님에도—1719년 대니얼 디포의 소설에서 프라이데이를 '교육'하는 로빈슨 크루소만 떠올려도 충분하다—세계화와 제국주의 '부메랑'의 시대에는 새로운 타당성을 가지게 되었다. 예를 들어, 1981년 카리브제도 이론가 에두아르 글리상은 탈식민 시대에 적합한 야망으로 '다양성'을 제안하면서 서양 문학이 '세계와의 새로운 관계'에 대해 성찰하고, 이를 통해 더 이상 '같은 것'에서의 우월한 위치가 아니라 '다양한 것'에서의 공동 과제를 알릴 것'을 촉진했다.

1994년 인도 비평가 호미 바바는 이를 식민 주체가 지배자를 모방하여 식민자와 피식민자 사이의 권력 균형이 변화하는 초국가적 관점을 얻게 되는 상황인 '혼종성hybridity'이라는 영향력 있는 개념으로 재탄생시켰다. 더욱 최근에는 아일랜드인들이 자신의 변방성과 이질성을 과장하는 것처럼 제국주의적 와전을 의도적으로 전용하여 이를 전복하는 '자기 이국주의'가 탈식민지 상황의 생산성을 드러내는 또다른 방식으로 등장했다. 요컨대, 비교 자체는 혼종 형태로 발전했다.

하지만 비교문학이 국제주의적 정념에서 번성한다면, 탈식민주의가 주로 **민족주의적** 수사에 의해 주도된다는 점에 주목할 가치가 있다. 확실히, 그것은 일반적으로 20세기 유럽을 괴롭혔던 조잡하고 극우적인 종류가 아니라, 오히려 독립을 주장하며 우월하다고 주장되는 힘에 맞서 반발하는 실러의 '구부러진 나뭇가지' (영국 철학자 이사야 벌린이 포착한) 이미지와 흡사하다. 예컨대 글리상과 바바 모두 이러한 측면에서 토착 문학의 우월성을 주장한다. 글리상은 국민 문학을 '각 집단이 스스로의 이름을 지어야 하는 절박함'으로 정의하며, 바바는 '점점 더 많은 '민족' 문화가 권리를 박탈당한 소수자의 관점에서 생산되고 있다'라고 주장한다. 다시 말해, 탈식민주의의 국제적 모델은 민족적 자기주장을 전제로 한다. 비교문학의 역사가 바로 그러하다는 것을 우리는 보아왔다.

세계문학

밀레니엄 시대에 접어든 이래로 가장 주목받는 비교 모델이 하나 있다면 바로 세계문학이다. 이 용어는 이전 장에서 살펴본 바와 같이 빌란트와 괴테에서 브란데스와 포즈넷에 이르기까지 19세기 내내 비교문학의 사실상de facto 연구 대상으로서 반향을 불러일으켰기 때문에 새로운 것은 아니다. 하지만 이 시기 내내 그것의 지평은 제국적 중심이 지배하는 세계에 대한 준식민주의적 비전을 막연히 나타내면서 분명히 유럽 중심적으로 남아 있었다. 20세기에 와서야 세계문학은 전 지구적으로 전환되었다.

이러한 발전을 보여주는 유익한 예는 20세기 초와 말 벵골어 세계문학 논의에 대한 기여에서 찾을 수 있다. 1907년 시인이자 박식가인 라빈드라나트 타고르Rabindranath Tagore, 1861~1941는 콜카타 국립교육위원회에서 강연 초청을 받았다. 타고르는 비교문학이 아니라 **세계**문학에 대해 논의해야 한다고 주장했다. 세계문학을 뜻하는 벵골어 용어 **비쇼 샤히토** Vishva Sahitya는 비교문학에 대한 외래적이며 유럽적인 개념과 일치하지 않기 때문에 인도 아대륙의 다양성을 훨씬 더 잘 표현한다는 것이다. 타고르는 '국가'에 대한 서양의 문제적 강조를 거부하고 오히려 문학의 역동적이며 상호의존적인 특성을 강조했다. 그는 문학을 '다른 손들에 의해 구성된 작품들의 단순한 총체'가 아니라 '인간의 보편적 창의성의 일부'로 본 것이다. 타고르는 우리 대부분이 땅을 하나하나 나누는 '조야한' 방식으로 문학을 생각한다고 질책한다. 이러한 지역주의에 대하여 그는 언어 예술을 통해 드러나는 '보편적 정신'으로 이해되는 자신의 비쇼 샤히토 개념으로 맞선다.

거의 한 세기가 지나서, 또다른 벵골 출신 사상가가 세계문학의 대안적 형태를 제안했다. 1980년대에 소수 문화에 목소리를 부여하는 최선의 방식에 대한 논쟁을 불러일으킨 '서벌턴subaltern'이라는 개념을 제시한 가야트리 차크라보르티 스피박은 『분과 학문의 죽음*Death of a Discipline*』(2003)에 관한 웰렉 강연에서 세계문학의 탈식민주의적 형태라 부를 수 있을 '행성성planetarity'을 개괄적으로 설명한다. 스피박은 영어권 문학, 프랑스어권 문학 등의 표준 모델은 탈냉전 시대에 더이상 적합하지 않다고 말한다. 그에 따르면 지금 필요한 것은 비교문학의 비서양적 전통을 고려한 비교의 새로운 방식이며 이를 통해 '글로벌 사우스'—이전에 '제3세계'와 같은 용어로 지칭되었던 저개발, 빈곤 국가들—가 중앙집권화된 대도시 엘리트를 통하지 않고 자신들의 언어로 스스로를 대변할 수 있게 된다. 스피박이 지구에 행성으로 맞서는 것은 타고르가 '비교'에 '세계'로 맞선 것을 상기시킨다. 세계화는 기업의 통제와 표준화를 시사하나, 반면에 행성은 우리가 '빌려서'

살고 있는 곳이다. 스피박은 타고르를 인용하지는 않으나 그의 생태학적 은유에 공명하는 듯하다. 지구 온난화와 기후변화의 시대에 우리는 모두 지도상의 경계를 넘어서는 방식으로 서로 연결되어 있다. 세계문학은 행성 문학이 되어야 한다.

이 두 벵골 출신 사상가의 사례는—여기에 작가이자 비평가인 부다베바 보세Buddhadeva Bose나 역사학자 디페시 차크라바르티와 같은 다른 이들의 사례를 더할 수 있을 것이다—세계문학이 자신의 유럽적 기원을 넘어 확장됨으로써 부흥하고 있음을 시사한다. 세계 발전에 대한 '역사주의적' 접근 방식—자본주의적 근대성이 유럽에서 비롯되어 다른 곳으로 끝없이 확산된다는 관점—에 대한 차크라바르티의 비판은 '유럽 연대기'로서 세계 자오선보다는 그리니치 천문대에 묶여 있는 시간의 구성에까지 확장된다. 분명히 비교문학의 발전은 그 확장주의적 의도(의 일부)가 아무리 고귀했더라도 이러한 측면에서 비판받을 수 있다. 너무도 번번히, 다른 곳에서의 관점은 유럽의 관점이었다.

그렇지만 진정한 대륙 간 세계문학 모델이 불가능할 이유는 없다. 실제로 인도는 비슷한 수의 언어와 하위문화로 구성된 유럽과 비슷한 역할을 하고 있다. 1980년대에 인도 문학에 대한 비교 접근 방식이 그 자체로서 하나의 하위 분야로 등장했다면, 거의 모든 대륙에 대한 비교문학 역시 동일하게 스케치할 수 있었을 것이다. 탈식민 시대에는, 버지니아 울프의 표현을 빌리자면 모든 대륙에 고유한 비교문학이 필요할지도 모른다. 전후 시대에 가장 영향력 있는 세계문학 모델들, 그리고 유럽에서 출현한 문학 모델들도 이러한 다극적 관점을 지향했다. 예컨대 많은 저서를 남긴 프랑스 중국학자 르네 에티앙블René Etiemble, 1909~2002은 중국과 비교문학에 관한 수많은 연구에서 아시아와 유럽 문학이 공통의 주제와 문체를 탐구하는 방식을 보여주기 위해 끊임없이 노력하면서 **보편 문학**littérature universelle이라는 이론을 정립했다. 사르트르적 선언인 '비교문학은 휴머니즘이다La littérature comparée, c'est l'humanisme'라는 그의 슬로건, 그리고 1963년에 출간된 번역할 수 없는 그의 책 제목 『콩파라종은 레종이 아니다*Comparaison n'est pas raison*』(단순히 두 대상 간의 유사성을 찾았다고 해서, 한 대상의 모든 특성이 다른 대상에도 유효한 것은 아니라는 의미의 프랑스 속담에서 유래한 제목이다—옮긴이)에 담긴 학문적 자의식은 프랑스에서 전후 비교문학 확립에 도움을 주었을 뿐만 아니라, 많은 유럽 사상을 계속 특징지었던 '세계'에 대한 제한된 시각에 경종을 울리기도 했다. 에티앙블은 몽테스키외와 볼테르 같은 저명한 선조들의 유산을 바탕으로 파리 시민들이 페르시아인들에게서 얼마나 많은 것을 배울 수 있는지 보여주었다.

더욱 최근에는 이러한 프랑스식 세계문학 개념이 사회학적 용어로 용도 변경되고 있었다. 파스칼 카자노바Pascale Casanova는 『세계문학 공화국*La République mondiale des lettres*』(1999)에서 영향력 있는 비전을 제시하며 세계문학이 아니라 '세계문학 공간'을 핵심 용어로 제안한다. 문학사와 정치사는 분명히 관련이 있지만, 같은 것은 아니다. 한 민족의 상처받은 자존심—카자노바는 나폴레옹 헤게모니에 '반격'한 독일 고전주의 문학을 예로 든다—이 정치적으로는 그럴 수 없는 곳에서 문화적으로 자신을 주장한다는 점에서 그러하다. 이처럼 지속적인 밀고 당김이 전개되는데, 여기서 소위 '열등한' 문학은 지배 권력을 자극하는 동시에 모방함으로써 자신만의 정체성을 확립하려고 한다. 카자노바의 사회학 용어를 빌리자면, 민족 문학과 민족 작가는 국제적 정당성을 획득하기 위해 서로 경쟁한다.

물론 문학 이론가들도 같은 일을 한다는 것은 말할 필요도 없다. 세계문학 이론의 발전, 더욱 일반적으로는 비교문학 이론의 발전은 문학에 적용되는 것과 똑같은 모델을 통해 이해할 수 있다. 보편주의, 행성성, 공화주의. 이러한 은유는 비교와 비교문학자를 모두 설명하며 세계문학이 실제로 어떻게 작동하는지에 대한 더욱 과장된 개념으로 관심을 끌기 위해 경쟁한다. 캐나다, 튀니지, 세네갈, 콩고, 프랑스의 주요 작가들이 서명한 「프랑스어로 된 세계문학을 위하여Pour une littérature-monde en français」(2007)라는 많이 언급되는 선언문조차 프랑스어권 문학의 죽음과 '코페르니쿠스적 혁명'으로서의 문학 세계littérature monde의 탄생을 선언했다. 이러한 형이상학적 주장을 감안할 때 은유가 어디로 향하고 있는지 알기는 어렵다.

아마도 이러한 인플레이션 논리 때문에 최근 몇 년 동안 나타난 가장 영향력 있는 모델이 세계문학을 고전 작품들로 이루어진 안정적인 정전이 아니라 '유통과 독서의 방식'으로 강조하는 것일지도 모른다. 길가메시 서사시에서 포스트모더니즘까지, 데이비드 댐로시David Damrosch의 『세계문학이란 무엇인가?*What is World Literature?*』(2003)는 창작, 번역, 생산의 흐름을 문학작품 자체로 추적하면서 순환의 과정을 자신의 성찰적 구조로 구축하는 텍스트가 '세계' 지위를 획득한다고 주장한다. 댐로시에 따르면 텍스트는 두 부분으로 된 과정을 통해 세계문학으로 진입한다. '첫째, 문학으로 읽힘으로써, 둘째, 언어적 및 문화적 기원점을 넘어 더 넓은 세계로 유통됨으로써' 그러하다. 한 사상의 보편성은 얼마나 먼 맥락에서 그 사상이 채택되는지에 따라 평가될 수 있다고 세계 지성사가 우리에게 가르친다면, 세계문학사도 텍스트에 비슷한 기준을 적용할 수 있다. 실제로 한 작품은 주어진 시대에 어떻게 읽히느냐에 따라 세계문학의 안과 밖을 오갈 수 있으며, 사이드의 용어를 사용하면 가장 '세계적인worldly' 작품들은 번역에서 가장 많은 것을 얻는 작품들이다. 이러한 의미에서 비교문학은 정전이라기보다는 통화이다.

상업의 언어는 우리를 세계문학에 대한 원래의 괴테적 개념으로 되돌아가게 하며, 지난 10년 동안 등장한 이 용어에 대한 주요 비평으로 나아가게 한다. 일찍이 1827년 괴테는 세계문학을 '모든 국가가 자국의 생산품을 제공하는 시장'이라고 묘사했으며, 그 자신도 어느 정도는 자기 작품의 국제적 수용을 장려하는 방법으로 이 개념을 고안했다. 다시 말해, 세계문학은 시작부터 비교적 개념만큼이나 자본주의적인 개념이었으며, 책을 세심히 살펴 읽는 것만큼이나 책을 판매하는 데에도 중점을 두었다. 이 용어에 관해 가장 널리 논의된 비평적 개입인 에밀리 앱터Emily Apter의 『세계문학에 반대하여*Against World Literature*』(2013)는 이러한 통찰을 출발점으로 삼아 비교의 보편화 모델이 프랑스 철학자 바르바라 카생Barbara Cassin이 '번역 불가능한 것들intraduisibles'이라고 부르는 것의 문제를 무시한다고 주장한다(2004년에 출간된 카생의 『번역 불가능한 것들의 사전*Dictionnaire des intraduisibles*』에서 살펴본 독일어 단어 하이마트Heimat, 포르투갈어 단어 사우다드saudade, 러시아어 단어 프라브다pravda 등의 용어가 그러한 예이다). 이러한 용어들은 번역에 저항하면서 국제 표준화라는 자본주의 논리에도 저항하는데, 위대한 비교문학적 상투 문구를 인용하자면 국경을 넘나드는 것은 바로 이러한 용어들이 하지 않는 일이다. 그 누구도 모든 언어를 읽을 수는 없다. 이는 좋든 나쁘든 외국 텍스트는 언어뿐만 아니라 주요 시장에 익숙한 관용구로 번역된다는 것을 의미하며, 이 과정에는 오해와 동질화라는 위험이 모두 수반된다. 다른 분야와 마찬가지로 여기에서도 번역은 비교문학의 감추고 싶은 비밀로 남아 있다.

번역학

번역이라는 문제는 바로 비교문학의 핵심에 자리한다. 결국 아무리 재능 있는 언어학자라 할지라도 읽을 수 있는 언어의 수에는 한계가 있다. 가령 다언어를 구사하는 문학 이론가 로만 야콥슨Roman Jakobson은 열일곱 개 언어를 구사했으나 모두 러시아어처럼 들렸다는 이야기가 있다. 우리가 아무리 원문으로 읽으려 애써도 번역은 비교문학자에게 필요악이다. 그렇지만 물론 번역은 민족 문학 간의 관계에 관한 모든 범위의 실제적이며 개념적인 고찰을 가능하게 해주는 선善의 힘이기도 하다. 오스카 와일드의 말을 빌리면, 번역은 가장 진지한 형태의 아첨이나 가장 꼼꼼한 형태의 읽기이기도 하다.

비교문학의 한 가지 모델로서, 번역은 우리가 읽는 방식에 대한 조건이자 동시에 비평으로 기능한다.

번역학은 1970년대에 급격히 인기를 얻었다. 번역의 문제는 키케로와 호라티우스, 성 히에로니무스와 루터만큼이나 오래되었으나 반면 문학 연구계에서는 신기하게도 거의 주목받지 못했다. 비교문학 내의 이론적, 언어학적 전환은 텍스트가 언어들을 가로질러 어떻게 전달되는지에 대한 문제를 이상하게도 다루지 않은 채 남겨 두었다. 언어학의 기술적 영역 밖에서는, 번역이 단순히 원문의 열등한 모방이라는 생각에서 논의가 거의 진전되지 못했다. 하지만 1970년대 중반부터 조지 스타이너와 이타마르 에반조하르Itamar Evan-Zohar와 같은 학자들이 번역의 위상과 전제 조건에 대해 적절하게 엉뚱한 질문을 던지기 시작했다. 왜 어떠한 문화권에서는 다른 문화권보다 번역이 더 많이 이루어지는가? 어떠한 텍스트가 다른 텍스트보다 더 손쉽게 '번역될 수 있는' 이유는 무엇이며, 이는 대상 언어와 기점 언어 모두에서 텍스트가 어떻게 인식되는지에 관해 무엇을 알려주는가? 수 세기에 걸쳐 번역의 지위는 어떻게 변화해왔는가? 번역에서 무엇이 상실되며, 그 못지않게 무엇이 발견되는가? 이러한 질문에 대한 잠정적인 해답이 제시되기 시작하면서 번역은 투명한 창이 아니라 불투명하고 문화적으로 특수한 과정으로 부상했다.

번역학의 분명한 출발점 한 가지는 번역에 대한 가장 일반적인 은유와 그 은유가 시간이 지남에 따라 어떻게 변화해왔는지에 대해 숙고하는 것이었다. 이러한 맥락에서 가장 오래 지속된 은유는 아마도 충실성/불충실성에 대한 은유였을 것이다. 번역은 전통적으로 기점 텍스트에 얼마나 '충실'한지(원문에서 벗어난 것으로 인식되는 것은 방해가 되고 불충실하다고 여겨진다) 또는 얼마나 자유로운지에 따라 평가되어왔다. 이 두 가지 주요 은유는 번역 이론의 두 가지 주요 모델, 즉 '자국화'와 '이국화'를 설명한다. 전자는 기점 텍스트를 마치 대상 언어로 쓰인 것처럼 그 언어로 최대한 유창하게 번역해야 한다고 주장하며(호라티우스와 같은 로마 시인이 그리스어 텍스트에 취한 접근 방식), 후자는 번역가의 역할은 전통적인 언어 용법을 희생하더라도 기점 텍스트의 구문과 의미를 최대한 가깝게 재현하여 자신의 언어를 '외국어'로 만드는 것이라고 주장한다(횔덜린과 같은 낭만주의 시인이 그리스어 텍스트에 취한 접근 방식). 세번째 방식이 등장했다 사라지곤 하지만 (아마도 1923년 독일 비평가 발터 베냐민이 자신의 보들레르 번역서 서문에서 번역이 원문의 행간 사이에 숨겨진 원텍스트Urtext에 접근할 수 있다고 주장한 것이 가장 영향력 있는 사례일 것이다), 번역과 번역 이론의 역사는 본질적으로 이 두 극단 사이에서 계속 진동해온 과정으로 구성된다. 물론 무엇보다도 그것들 역시 문화적으로 특수하며 번역의 지위, 상징성, 그리고—아마도 가장 중요하게는—판매 수치에 대한 변화하는 관점들에 얽매여 있기 때문이다.

더욱 일반적으로 비교문학의 모델로서, 번역은 큰 반향을 일으킨다. 이는 국제적 의사소통의 전제 조건과 그 과정 자체 모두에 해당하기 때문이다. 번역은 비교를 **가능하게** 만들 뿐만 아니라, 그 자체가 비교 **행위**, 플로리오의 몽테뉴 영역판(1603)을 찬양한 새뮤얼 대니얼Samuel Daniel의 시를 인용하면, '정신의 상호 교류the intertraffique of the minde'이다. 가장 넓은 의미에서 이해하자면, 번역은 문학의 정치, 미학, 윤리에 대한 의문을 제기하는데, 모든 번역 행위, 모든 언어적 선택은 국제 관계 분야에 개입하는 것을 의미한다. 우리 모두 그러하듯이 '바벨 이후after Babel'(상자 9 참조)에 살고 있는 우리에게는 번역을 통한 소통 외에는 다른 선택지가 없다. 이러한 소통의 가능 여부는 모든 것이 번역될 수 있다고 주장하는 '보편주의자universalist'와 엄밀히 말하면 아무것도 번역될 수 없다고 주장하는 '유명론자nominalist' 사이에서 발생하는 끊임없는 논쟁의 대상이다. 따라서 일부 학자들이 번역학을 비교문학의 진정한 미래이자, 실제로 비교문학의 후계자로 상정하기까지 하는 것은 놀라운 일이 아니다.

1993년에 출간한 비교문학 입문서에서 수전 배스넷Susan

Bassbnett은 번역에 초점을 맞추면 주요 문학과 소수 문학의 전통적인 구분에서 벗어나 국제적 상호 작용을 보다 평등하게 강조하는 방향으로 비교문학을 진정한 세계적인 관점에서 재조정하는 데 도움이 될 것이라고 주장했다. 이를 위한 배스넷의 주요 모델은 이타마르 에반조하르의 '다중체계polysystem' 문학의 이론이었다. 1978년에 발표한 영향력 있는 에세이에서 에반조하르는 이 다중체계 내에서 번역의 변화하는 지위는 대상 언어의 변화하는 지위를 반영한다고 주장했다.

간단히 말해, 에반조하르의 주장은 한 문화가 스스로를 '신흥', '주변적', 또는 '위기'라고 여길 때마다 다른 곳의 번역 작품들로 눈을 돌림으로써 자아감을 강화하려고 한다는 의미이다. 국가의 자신감이 발달함에 따라 이러한 외부적 인정 욕구는 점차 사라진다. 요컨대 번역의 증가는 불안감의 증가를 시사한다.

이 모델에 어떤 비판을 하든—예를 들어 그것은 프랑스와 독일 같은 주요 문화권에서 번역을 많이 한다는 사실과 어떻게 일치하는가—놀라운 점은 이러한 이론들이 얼마나 빠르게 시대에 뒤떨어지는지에 있다. 즉, 변화하는 문화적 우선순위를 반영하는 것은, 번역뿐만이 아니다. 다시 말해 번역 이론도 그러하다. 1970년대의 이론적 열기 속에서 구조주의적 '체계'의 언어가 널리 퍼져 있었고, 클라우디오 기옌Claudio

상자 9 바벨 이후

1975년에 처음 출간된 조지 스타이너의 『바벨 이후』는 '언어와 번역의 양상'을 문학 연구의 핵심에 놓는다. 대단히 박학하고 여러 언어를 쉽게 구사하며, 고급 문화를 단호히 옹호하는 스타이너는 여러 면에서 아우어바흐와 슈피처 같은 20세기 중반 유럽 비교문학자들의 자연스러운 계승자이다. 그러나 그는 언어 사용이 끊임없이 변화하고 있기 때문에 모든 형태의 표현을—심지어 한 언어 내에서 발생하는 표현도—번역의 과정으로 이해할 수 있다고 제안함으로써 이들을 뛰어넘는다. 셰익스피어의 독백에서 모더니즘 시에 이르기까지, 그리고 종교적 텍스트에서 세속적인 텍스트에 이르기까지, 스타이너는 문학이 의미의 전달 행위이자 이에 대한 성찰이라고 주장한다. 그리고 유사성과 차이라는 쌍발 엔진이 구동하는 번역의 메커니즘은 비교의 메커니즘이다. 언어학, 문학, 철학, 관념사를 결합한 『바벨 이후』는 스타이너가 비교문학에 기여한 많은 것들 가운데 가장 영향력 있는 저작으로 남아 있다.

Guillén의 『체계로서의 문학*Literature as System*』(1971)은 에반조하르의 문학적 다중체계 개념에 영향을 준 여러 선구작 중 하나였다. 그에 반해서, 21세기로의 전환 이래, 학문적 논의는 프랑코 모레티가 '세계문학 체계world literary system'라고 부르는 것에 대한 더욱 정치적인 이해의 일부인 번역을 통해, 꼼꼼히 읽기와 멀리 읽기의 모델, 국경을 넘나드는 모델과 국경을 닫는 모델 사이에서 갈피를 잡지 못한 채 계속 진행되었다. 비교문학의 초점은 점점 번역에서 잃어버리는 것보다는 번역에서 가장 적게 얻는 것, 즉 다른 언어에서 재개념화에 저항하는 바르바라 카생 사전의 '번역할 수 없는 것들'이라는 용어에 맞춰지고 있다. 리디아 리우Lydia Liu가 '언어횡단적 실천translingual practice'이라고 불렀던 개념(한편으로는 서양의 '자아', 다른 한편으로는 유교의 '기己'와 같은 단어의 맥락적으로 특수한 공명)은 직접적인 동등성을 주장하는 것에서 벗어나 미묘한 교환 형태로 관심을 전환하는 방법으로 부상했다. 번역의 어원이 '옮겨 놓기'를 의미한다면, 비교문학자들의 관심을 끌기 시작한 것은 바로 옮겨지기를 거부하는 것이다. 이러한 발전이 보편주의자와 유명론자 간 오랜 논쟁에서 가장 최근의—그리고 분명히 마지막이 아닌—논쟁이라는 사실은 번역이 얼마나 비교문학의 전제 조건이자 실천 그 자체인지를 강조한다.

수용 연구

번역이 옮겨 놓기의 한 가지 방식을 시사한다면, '수용'은 다른 방식을 설명한다. 번역은 수평축에 있는 것처럼 언어들 사이에서 의미를 전달하는데, 수용은 수직축에 있는 것처럼 언어들을 통해 의미를 추적한다. 번역은 물론 그 자체로 수용의 한 가지 형태이나(특히 주요 작품들이 끊임없이 재번역되고 있기 때문에), 그것의 비교적 취지는 주로 언어와 문화에 걸쳐 지리적이다. 그러므로 수용은 정의에 따라 역사적으로 작동하며 독자와 문화가 번역을 어떻게 처리하는지 주목한다. 원칙적으로 어떤 것이든 후대 문화에 의해 '수용'될 수 있으나 (볼프강 이저Wolfgang Iser와 한스 로베르트 야우스의 '독자 반응 이론reader response theory'과 같은 특정 이론 학파는 수용을 바로 문학적 의미의 근간으로 삼는다) 그 공명은 가장 오래 이어진 계통에서 가장 크게 공명한다. 그와 같이 그리스, 로마, 아랍 고전의 수용은 수 세기에 걸쳐 가장 오래 지속되는 비교문학 모델 중 하나를 제공하며, 더욱 일반적으로 수용 연구의 현대적 중요성을 대표할 수 있다.

영어권에서 새롭게 유행하는 위상에 있음에도 고전 수용 연구는 고대만큼이나 오래되었다. 호라티우스가 『서간시*Epistulae*』에서 '정복된 그리스는 자신의 맹렬한 승리자를 정복했고 소박한 라티움에 예술을 도입했다'라고 썼듯이, 라틴 문학의 많은 부분은 그리스 문화에 대한 확장된 수용 연구에 해당한다. 아마도 더욱 놀라운 사실은 에드워드 사이드가 오리엔탈리즘의 초기 문건 중 하나인 아이스킬로스의 비극 『페르시아인들*Persai*』을 영향력 있게 독해하면서 보여준 것처럼 그리스인들 스스로가 페르시아 문화를 되돌아보았다는 점일 것이다. 그렇다면 어떠한 의미에서 고전학이라는 학문은 전체가 수천 년에 걸친 문화적 축적을 되돌아보는 수용에 관한 것이다. 하지만 고전 **수용** 연구의 특별한 기여는 고전적 전통이 후대 사회에서 재활성화되는 (따라서 변화하는 맥락에서 생성되는 변화하는 의미를 도출하는) 과정의 문화적, 이론적 함의를 성찰하는 방식에 초점을 맞추는 것이다. 이러한 병치에서 초기 텍스트와 후기 텍스트에 관해서뿐만 아니라 이들 텍스트와 각 시대 간의 관계에 관한 새롭고 독창적인 관점이 나온다.

비교문학에 대한 이러한 접근 방식의 풍부함은 자명하다. 비교적으로 말하면, 나중의 맥락은 이전 맥락의 잔재적 존재에 의해 풍성해지므로 주는 것보다 수용하는 것이 더 낫다. 고대인과 근대인의 싸움에서 수용 비평가들은 후자를 통해 전자를 읽고 나중의 텍스트가 이전 텍스트에 의존하는 방식을 파악하려고 애쓴다. 실제로 (1704년 『통 이야기*A Tale of a Tub*』에 들어 있는 단편인 「책들의 전쟁Battle of the Books」이라는) 조너선 스위프트Jonathan Swift의 풍자적 형태의 논쟁에서는 책들 자체가 살아 움직이며 우위를 차지하려 싸운다(그림 10 참조).

스위프트가 논쟁에서 결론 내리기를 피하는 것은 신중한 처사일 뿐이다. 근대 텍스트가 고대 텍스트보다 우월하지는 않을지라도, 고대 텍스트의 영향을 피할 수 없으며, 또한 잠재적으로 이전에 고대 텍스트가 수용된 모든 방식의 영향을 피할 수 없다. 빅토리아 시대의 고전 신화의 수용에 초점을 맞추면 19세기 남성성에 대한 이상이 호메로스의 영웅을 통해 어떻게 구성되었는지를 알 수 있을 뿐만 아니라, 이전 시대에 호메로스가 어떻게 수용되었는지에 대한 우리의 관점이 소급하여 바뀔 수도 있을 것이다. (1704년 앙투안 갈랑의 프랑스어 번역으로 유럽 독자들이 처음으로 읽을 수 있게 된) 『천일야화*Kitāb 'Alf Layla wa-Layla*』나 (특히 채색 필사본의 역사로 유명한) 페르시아의 시 『샤나메*Shahnameh*』와 같은 '동양' 서사시의 수용은 텍스트 자체만큼이나 동양의 변화하는 위상에 대해 많은 것을 알려준다. 이러한 의미에서 수용은 게오르 브란데스의 망원경을 사용하여 별뿐만 아니라 망원경 자체를 보는 것과도 같다.

수용 연구에 대한 또다른 흔한 접근 방식은 비극이나 희극과 같은 장르 구분이나 아나그노리시스(anagnorisis: 인식의 순간) 또는 카타바시스(katabasis: 지하 세계로의 여행)와 같은 수사적 양식의 진화를 고려하는 것이다. 이러한 구분을 통해 비평가들은 후대의 작품이 참고 대상의 공유된 틀 안에 남아 있으면서 어떻게 고전적 원천에서 발전하거나 이탈했는지 추적할 수 있다. 니체의 『비극의 탄생』에서 바그너와 소포클

10. 책들의 전쟁, 『통 이야기*A Tale of a Tub*』(1704)의 목판화 원본

레스를 병치한 것이 그 대표적 사례이다. 분명히, 수용을 단순히 과거에 의해 의미가 좌우되는 수동적인 상태라는 의미로 받아들여서는 안 된다. 이와는 반대로, 새로운 병치가 새로운 의미를 참조한다. 니체는 1871년 프랑스-프로이센 전쟁을 배경으로 글을 쓰면서 그리스 비극을 유럽 근대성의 구성 요소로 용도 변경한다. 이러한 종류의 창조적 수용은 시작점으로 거슬러올라갈 수도 있는데, 에드워드 피츠제럴드Edward Fitzgerald의 『오마르 하이얌의 루바이야트*Rubaiyat of Omar Khayyám*』(1859년 초판 출간)는 중세 페르시아 시인 하이얌을 근대 유럽 독자들뿐 아니라 근대 페르시아 독자들을 위해 재발명한 작품이다. 이러한 방식으로 이해하면 수용은 '순환'이 되며, 근대 시의 오르페우스, 근대 영화의 오디세우스처럼 변화하는 맥락에서 반복적으로 등장하는 등장인물들을 추적하거나 대륙을 가로지르는 문화 전파 과정을 따라가게 된다. 홉스봄과 랑거의 유명한 용어를 빌리면, 전통 자체는 수용된 것일 뿐만 아니라 '발명된 것'으로도 등장한다.

그렇지만 이러한 '전통'이라는 개념에는 그 자체로 전통이 있다. 수용 연구로 이해되는 비교문학의 주요 기여 중 하나는 문화적 전통이 어떻게 창조되고, 선별되고, 통제되는지, 그리고 그것이 지배적인 이데올로기를 뒷받침하기 위해 어떻게 전유되는지를 성찰하는 것이었다. '정전canon'이라는 개념은 이념적으로 중립적이지 않다는 것이 훨씬 더 분명해졌는데, 특정 텍스트, 등장인물, 또는 심지어 문화—19세기 독일에 대한 '그리스의 폭정', 무솔리니의 이탈리아가 보여준 로마 집착—는 특정 시기에 전면 부각된다. 더욱 일반적으로, 지성사에 따르면 전통 이해에는 두 가지 주요 모델이 있다. 하나의 모티프나 신화가 반복될 때마다 누적된 깊이가 더해지는 영향의 '연쇄'로서(예를 들어 '비극'에 대한 우리의 이해에서처럼) 전통을 이해하거나 또는 한 작가나 시대가 다른, 종종 매우 먼 시대를 선택적으로 환기하는 일련의 개별적이고 선택적인 순간으로(채프먼의 호메로스 번역을 처음 읽었을 때 키츠의 '거친 추측') 전통을 이해하는 것이다. 요컨대, 수용이라는 개념 자체는 시대마다 다른 방식으로 받아들여져왔다.

그렇다면 왜 21세기에 수용 연구가 두각을 나타내게 되었는가? 이에 대한 답의 일부는 단순한 편의성에 있다. 고전학은 자신의 존재를 정당화하기 위한 훨씬 더 큰 투쟁에 직면하면서 자신의 지속적인 관련성과 자기 인식을 주장하는 방법으로 수용 연구에 의지했다. 고대는 근대성의 길잡이로 기능한 것이다. 하지만 더 넓게 보면, 수용 연구는 의미론적 내용보다 문화적 맥락을 우선시하는 역사 형태들(책의 역사, 지성사)로의 일반적 전환의 일부로 등장했다. 이러한 역사적 전환은 수용을 비교의 한 형태로 보는 것뿐만 아니라 비교를 수용의 한 형태로 보는 것을 전제로 하는 비교적 관점의 확장을 가져왔다. 결국, 문화가 수용되는 방식을 연구하는 것은 학문을 비교하는 것과 같다. 고전 수용, 또는 실은 모든 종류의 수용 연구가 본질적으로 학제적이라는 점은 그것이 고대와 근대, 동양과 서양, 남과 북 사이에서 불확실하게 움직이는 비교문학의 비학문적 나침반이 될 잠재력을 시사한다. 한 가지는 분명한데, 앞으로의 논쟁이 더 많은 좌표를 더할 것이라는 점이다. 비교문학이 나침반이라면 끊임없는 재보정이 필요하다.

제 5 장

비교문학의 미래

정치적 교육

1872년, 27세의 한 젊은 교수가 첫번째 책을 출간했다. 바로 니체의 『비극의 탄생』인데, 이 책은 지금은 중요한 저작으로 여겨지나, 출간 당시에는 아무도 반응을 보이지 않았다. 유일하게 이 책에 반응을 보인 비평가는 니체의 오랜 친구인 울리히 폰빌라모비츠묄렌도르프Ulrich von Wilamowitz-Moellendorff였는데, 그는 이 책을 격렬히 공격하면서 니체의 시대착오적인 비평 방식을 '미래의 문헌학Zukunftsphilologie'이라 일축했다. 이 용어가 아무리 매혹적이라 해도 물론 칭찬을 위한 것은 아니었다.

비교문학은 그러한 모욕을 만회할 수 있는가? 과거의 투쟁과 현재의 논쟁에도 불구하고 비교문학은 인문학의 미래에서 점점 더 중심적인 역할을 맡고 있다. 세계화와 그에 대한 불만으로 정의되는 세계에서, 훨씬 더 커진 학제적 학문 연구로 규정되는 학계에서, 비교는 피할 수 없다. 이제 선택은 비교할 것인가의 여부가 아니라 책, 영화, 언어, 문화, 역사 등 무엇을 어떻게 비교할 것인가이다. 미래의 문헌학은 현대 문화 전반에 걸쳐 범위가 훨씬 더 넓은 현재의 문헌학이 되었다.

비교문학은 의심할 여지 없이 가장 야심 찬 전문 분과 학문 중 하나이다. 하지만 동시에 가장 불안한 전문 분과 학문이기도 하다. 미국비교문학회ACLA에서 10년 주기로 발간하는 보고서 등 비교문학의 현황 보고서들은 최근 등장한 발전 방향에 대한 불안감을 주기적으로 드러내고 있다. 분명히 비교문학은 오랫동안 끊임없는 위기 상태에서 존재해왔으며, 이에 따라 비교문학의 자기 개념은 대부분 죽음과 불멸에 대한 수사를 중심으로 전개되었다. (예를 들어 비극의) 탄생과 죽음, 또는 망각과 부흥의 은유들은 수 세기 동안 비교문학을 특징지어왔다. 비교문학은 과거를 소생시키는 것과 현재에 활력을 불어넣는 것 사이에서 갈등해왔기 때문이다. 최근 수년 동안에는 작품의 '사후 세계'(발터 베냐민이 변형한 용어로는 **지속된 삶**Fortleben, 미술사학자 아비 바르부르크Aby Warburg가 변형한 용어로는 잔존Nachleben)라는 개념이 영향력의 더욱 창의적인 형태를 포착하는 방법으로 점점 더 인기를 얻게 되었다. 예컨대 셰익스피어의 사후 세계는 그 자체로 하나의 비교문학 학파를 형성한다. 더 넓게 보면, 이러한 형이상학적 은유는 지속성과 변화에 대한 비교문학의 강박 관념, 인문학 내에서 변화하는 자신의 지위에 대한 지속적인 불안감을 반영하기도 한다. 비교문학은 이러한 방식으로 자신의 운명을 기존 인물들과 학문들의 운명과 결부시킴으로써 자신의 생존을 보장받기를 희망한다.

이러한 그림자 지위는 역설적인 결론을 암시한다. 즉 비교문학은 문학 연구에서 중심적이자 주변적이며, 또는 어쩌면, 역설적으로 보이지만 바로 주변적이기 때문에 중심적일 수 있다. 비교문학은 인문학의 거의 모든 학문을 끌어들여 역사, 정치, 언어, 문학의 벤 다이어그램 중간에 교묘하게 자리잡고 있다는 측면에서 중심적이며, 어느 단일한 전통에도 묶여 있지 않다는 점에서 모든 전통으로부터 무시당할 위험이 있기 때문에 주변적이다. 다시 말해, 비교문학의 취약성은 비교문학의 강점이자 약점이기도 하다. 변화하는 추세에 민감하면서, 또한 그러한 추세에 영향을 받기도 한다. 예컨대, 이론적 전문 용어에 의한 적대적 인수의 위험은 끊임없는 위협이다. 이론 전쟁의 2회전은 분명히 누구에게도 이익이 되지 않을 것이다.

이 시점에서 더 긴급한 과제는 비교의 **실천**, 그리고 그것이 우리가 '문학'으로 이해하는 것의 경계를 밀어붙이는 방식이다. 최근 수년 동안의 주요 발전 중 하나는 학제적 연구뿐만 아니라 초학제적 연구로 나아가는 움직임이었다. 소설과 영화, 조소와 소네트를 비교하는 등 '예술 간' 연구는 훨씬 두각을 나타내며, 교육 과정과 학술대회에서 점점 더 중요해진다. 한편, '초국적transnational'이라는 개념은 역사학, 법학 같은 인접 학문으로부터 유입되면서 이 분야의 핵심 용어로 부상했다. 비교문학은 다시 한번 인문학의 십자 포화 속에 놓여 있다.

이러한 발전은 비교문학의 미래에 대해 무엇을 말해주는가? 무엇보다도 비교의 방법과 문학의 대상이 훨씬 더 광범하게 정의되고 있음을 시사한다. 이러한 확장주의에는 기회뿐만 아니라 위험도 존재한다. 서로 다른 매체와 예술 형식을 비교하는 것은 (예컨대 프루스트와 회화, 또는 리스트와 문학에 대한) 새로운 관점을 가능하게 하는 매우 유익한 방법이나, 각 예술 형식의 독특한 요소들이 유지되는지가 언제나 명확한 것은 아니다. E. M. 포스터E. M. Foster의 『하워즈 엔드*Howard's End*』(1910)에서는 음악을 그림으로 바꾸려는 여동생 헬렌의 시도에 대해 '서로 뒤바뀔 수 있다면 예술이 무슨 소용이에요'라고 마거릿 슐레겔이 묻는다. 이 질문은 현대 비교문학자에게도 여전히 적절하다. 단순한 내용 추출은(프루스트의 예술에 대한 언급, 리스트의 문학 자료 사용)은 제한적이며 해석적으로만 사용될 뿐이며, 훨씬 더 흥미로운 것은 한 매체가 다른 매체에서 기법을 빌리는 방식인 형식적 반향과 교류에 관해 탐구하는 것이다. 이러한 방식을 추구하면 창작자와 비평가 모두 비교문학자로서 예술들 사이에서 나타난다.

마찬가지로 문학에 대한 '초국적' 해석은 단순히 '비교'의 유행을 따른 동의어로 사용되지 않을 때 가장 강력하다. 이 용어는 문자 그대로 국가 구조를 초월하는 접근 방식을 의미하며, 한 가지 예를 들자면 '전 세계 모더니즘들을 연결하는 사회적 및 텍스트적 상호 관계의 그물망과 이러한 연결고리들을 볼 수 있는 시각'을 의미한다. 이는 비교에 대한 전통적 이해와 비슷해 보일 수도 있으나, 다양한 경쟁 관점들에 동등성, 그리고 따라서 '행성성'을 부여하려는 시도에 차이가 있다(점점 더 많이 사용되는 복수형 용어 '모더니즘들'이 이를 말해주고 있다). 이 책에서 살펴본 바와 같이 비교 방법은 지배적인(서양) 국가에 유리한 조건으로 비교를 강요하는 당대의 편견에 오랫동안 인질로 잡혀 있었다면, 초국주의는 비교에 대한, 그리고 그것의 식민주의적 공모와 국가적 편견을 국제적으로 적용하려는 경향에 대한 경고로 효과적으로 기능한다.

이러한 초국적 변화는 다언어 사용 형태들에 관한 관심이 증가했다는 사실과 밀접한 관련이 있다. 역사적으로 말하면, 비교문학은 지역과 대륙을 하나의 지배적인 언어로 축소하는 경향이 있었으며, 프랑스어권, 영어권 또는 스페인어권 등의 세력권에 따라 세계를 분할해왔다. 그러나 마그레브와 같은 지역은 아랍어의 방언들과 형태들이 프랑스어 및 스페인어와 중첩되어 있고 인도 아대륙은 공식 언어가 스물두 개이다. 이러한 지역들은 다언어적인 것으로 이해하는 것이 더욱 정확하며, 단일 언어 국가라는 유럽 모델로는 완고하게 환원될 수 없다. 이러한 비교의 다국어 모델이 지닌 잠재력은 비교문학이 점점 더 비생산적인 '자국어'와 '외국어', 지역 언어와 식민 언어의 이분법을 넘어, 문자 텍스트와 구술 텍스트를 모두 고려할 수 있다는 점에서 상당하다. 물론 이는 문화적일 뿐만 아니라 은연중에 정치적이며, 하향식 단일 언어 사용에 대한 상향식 질책이기도 하다.

냉정한 현실은, 다언어 사용자들이 대부분 서양의 부의 가장자리에서 주변인으로 살아가며 사회적으로 인정받지 못하는 존재들이라는 점이다. 문학적 용어가 아닌 문자 그대로의 의미로 이해하자면, 21세기의 진정한 초국적 존재는 나라들과 대륙들 사이를 오가며 국경 지점에 모여 사는 난민들과 이주민들이다. 인간이 상품처럼 무자비하게 인신매매되는 세상에서 비교라는 은유는 굴욕적으로 공허하게 들린다. 말이 국경을 넘나든다고 하기는 쉬운데, 사람은 그럴 수 없기 때문이다. 비교문학은 확실히 이 새로운 현실을 따라잡아야 하며 욕망이 아니라 절망으로 초국적 존재가 된 사람들의 이야기에 자신을 적용하기 시작해야 할 것이다.

미적 교육

이를 실현할 수 있는 한 가지 방법은 독일 시인 프리드리히 실러Friedrich Schiller, 1759~1805의 표현을 따르자면 스스로를 '미적 교육'의 한 과정으로 구상하는 것이다. 실러는 프랑스혁명 직후인 1790년대 초—'비교 문헌학'이 유행하던 시기—에 쓴 편지에서 이상적인 미적 상태는 칸트적 개념인 무관심성(이권 없이 이타적으로 세계에 참여하는 과정으로 정의된)으로 특징지어지는 상태라고 주장했다. 이러한 상태에서 이성과 감정, 감각과 감성 사이에서 균형 잡힌 자율적 계몽 시민은 '평등의 이상'을 추구함으로써 경쟁하는 지적 요구의 균형을 맞추는 법을 배운다. 자유롭게 포용되는 상상력의 미학적 '놀이'는 인간, 그리고 인문주의적 자아실현을 위한 안전한 공간을 만들어낸다.

실러가 보기에, 그러한 상태가 정치적, 나아가 도덕적 교육의 과정으로 이어질 수 있는 것은 (진정으로) 미적인 것의 본질 때문이다. 이는 또한 그것을 비교문학의 미래를 위한 가능한 모델로 만드는 것이기도 하다. 미학적 기획으로 착상되었으나 정치적 현실에서 탄생한 비교문학은 실러(그리고 그의 뒤를 이은 칸트)가 주창한 공정한 관점을 달성하기 위해 분투해왔다. 그렇지만 자신의 정치화된 역사에서 벗어나 완전히 평등하고 무관심한 비교 모델, 즉 그 안에서 문학의 자유로운 '놀이'가 국가적 역사나 언어적 지위에 상관없이 모든 민족을 동등하게 포용하는 모델을 만드는 것이 여전히 비교문학의 목표일 수 있으며, 주장하건대 그래야만 한다. 비교문학은 국경을 넘나드는 글쓰기에 대한 연구로서 발전했으나, 국경 없는 세상을 여전히 상상해야 한다. 그러한 목표가 결코 완전히 실현될 수 없다는 것이 자명하다면, 그것은 곧 교육의 자유로운 본질이며, 교육을 그 진정한 어원적 의미(라틴어e-ducare:이끌다), 즉 '사람들을 이끄는' 과정으로 이해할 때 그러하다.

이는 또한 자본주의의 본질이기도 하다. 비교문학은 시장 주도적이 아니라면 아무것도 아니며, 비교의 자유로운 놀이라는 감상적인 관념은 냉혹한 상업적 고려 사항들로 빠르게 좌초한다. 교육 수준, 여행 경험, 문학 번역에 대한 자금 지원 및 마케팅 등 수많은 사회학적 요인이 국제적인 감각을 지닌 독자들이 원하는 것을 결정하나, 비평 이론은 분명히 그 목록에서 한참 아래에 있다. 문화적 차이가 이해되기보다는 단순히 인식되는 경우가 더 많은 것이 현실이다. 출판사는 어쩔 수 없이 진부한 표현과 선입견에 영합한다. '타자'에 대한 학계의 집착에도 불구하고 많은 독자는 더 비슷한 것을, 즉 지구의 한쪽 끝에서 다른 쪽 끝까지의 문학에서 발견될 수 있는 보편적인 감정을 찾고 있다. 이러한 의미에서 상업적 현실은 비교를 초월한다.

하지만 바로 이러한 이유로 비교문학의 개념이 매우 필요하다. 비교문학의 임무는 상업적 선입견과 더불어 작업하되 동시에 그것에 저항하고, 한 문화의 질문들을 다른 문화에 제기하며, 심지어 형편없는 글쓰기에서도 진정성을 확보하는 것이다. 이러한 평가의 책임은 때때로 문학에 대한 비판적 논의에서 길을 잃기도 하나, 비교문학자가 아니라면 세계문학의 최고와 최악을 평가할 수 있는 사람이 또 누가 있겠는가? 국제적인 상들을 단순히 정치적 근거로만 결정하지 않으려면 비평적 정보에 입각한 비교가 필수적이다. 책의 생태학에서 비교문학은 실용적 역할뿐만 아니라 교수적 역할도 수행한다.

물론 이러한 실용주의는 점점 더 중요해지는 영역인 '디지털 인문학'까지 확장된다. 온라인 판이나 서지 도표, 컴퓨터 데이터베이스 또는 인터넷 백과사전 등 어떤 형태이든 본질적으로 인문학 전통에 대한 학제적, 디지털화된 접근 방식은 극대화를 지향하며, 점점 더 큰 데이터를 추구하는 경향이 있다. 갈수록 더 많은 정보가 종합을 요구하는 세상에서 비교는 여전히 없어서는 안 될 도구이다. 사실, 여러 면에서 놀라운 일은 21세기의 정보 접근 방식이 19세기의 방식과 얼마나 유사한가 하는 것이다. 디지털 인문학자는 본질적으로 컴퓨터를 사용하는 문헌학자이며, 키보드로 문화를 파헤친다. 미래의 문헌학은 과거의 문헌학이기도 하며, '비교는 비평의 위대한 도구'라는 에르네스트 르낭의 주장은 1848년과 마찬가지로 지금도 여전히 진실이다.

물론 그때와 지금의 큰 차이점은 우리가 사용할 수 있는 정보의 양이 엄청나게 많아졌다는 점이다. 이미 1935년 폴 발레리Paul Valéry는 근대적 정신에 대한 평가를 시도하면서 '오늘날의 모든 지식은 필연적으로 비교적 지식'이라고 말할 수 있었는데, 거의 한 세기가 지난 지금 이 말이 얼마나 더 진실한지는 더 이상 설명할 필요가 없다. 인터넷 시대에 비교문학자의 비결은 무엇을 비교할지를 아는 것뿐만 아니라 또한 무엇을 비교**하지 말아야** 하는지도 아는 것이다. '비교문학'이 컴퓨터에 의해 텍스트와 저자가 **지겹도록**ad nauseam 쌓인 '비교 목록'으로 전락하지 않으려면 인간의 판단은 여전히 필수적이다. 방대한 양의 정보를 즉시 이용할 수 있는 현대의 비교문학은 내용을 재발견하는 것이 아니라 우선 어디를 보아야 할지를 아는 것이다. 비교문학자의 망원경이라는 브란데스의 이미지는 이제 지식을 가능한 모든 방향으로 굴절시킨다는 만화경으로 재구성되는 편이 더 나을 수도 있다. 데이터의 홍수 속에서 관점은 그 어느 때보다 중요해졌다.

그렇지만 이러한 정보 과부하는 궁극적으로 오늘날 우리의 멀티미디어 시대뿐만 아니라 전체로서 근대성의 특징이기도 하다. 비교문학이라는 학문이 1800년대 초의 프랑스혁명 이후의 열정 속에서 근대가 시작되었을 때 등장했다는 사실은 우연이 아니다. 19세기에 해석 모델로서 비교의 증대하는 중요성은 정보의 증대하는 확산을 수반했는데, 사람들이 다른 문화에 대해 더 많이 알수록 더 많이 비교했다. 사람들이 여전히 이러한 지식에 자신들의 편견을 부과했다는 사실은 비교문학에 대해서 만큼이나 인간의 본성에 대해서 많은 것을 알려주나, 그 점이 근대에 이르러 증가하는 비교의 중요성을 폄하하지는 못한다. 은연중에 과거와 비교하지 않는다면 어떻게 정말로 자신의 시대를 근대적이라고 이해할 수 있겠는가? 근대는 고대와 마찬가지로 비교적 개념이다.

요컨대 비교문학은 스스로를 더 비교적으로 이해해야 할 필요가 있다는 것일지도 모른다. 다른 분과 학문에 대한 유사한 접근 방식들—비교 역사학, 비교 법학, 비교 정치학—

은 종종 자신들의 방법론을 훨씬 더 확고하게 이해하고 있으며, 전 지구적 관계의 영역 내에서 더 엄밀하게 스스로를 연구하기 위해 여러 연구 방법을 적용하고 결합한다. 꼼꼼히 읽든 멀리서 읽든, 창의적 실천이든 비판적 이론이든, 비교문학은 개념의 보편화에 대한 세계사적 접근이나 정보의 유통 방식에 대한 사회과학적 접근으로부터 분명히 배울 지점이 있으며 비교문학은 자신의 인문주의적 사명을 포기하는 것이 아니라, 확장하는 것을 목표로 삼는다. 비교가 어디에나 있다면, 문학 연구는 문학을 넘어서서 무엇을 배울 수 있는지 숙고해야 한다.

여전히 가장 놀라운 것은 21세기의 비교문학이 바로 얼마나 눈에 잘 보이는 곳에 숨어 있는가이다. 비교문학의 실천은 어디에나 있으며 우리가 지식을 모으는 방법의 근간이지만, 비교문학을 실천하는 사람들은 경쟁하는 전통들 사이에서 필연적으로 갈등하기 때문에 한 언어에 기반을 둔 비평가의 가시성을 확보하기 위해 자주 분투한다. 가장 저명한 비교문학자 중 상당수는 비교문학자라는 이름이 아니라 문학 이론가, 문화 비평가 또는 괴짜 박식가로 두각을 나타낸다. 상황이 이렇게 변화하고 비교문학의 주도적 대표자들이 교수 영역뿐만 아니라 대중의 영역에서도 **비교문학자로서** 명성을 얻는다는 점은 비교문학의 이익에 부합한다. 가장 까다로운 문학 분과 학문인 비교문학은 가장 영리하고 야심 찬 학생들의 마음을 끌어야 하나, 야심 찬 비교학자들은 본보기상이 필요한데, 자국 우선주의에 심취한 국가적 전통이 지배하는 문학적 논쟁에서는 그러한 본보기상이 언제나 뚜렷하게 드러나지는 않는다. 저명한 비교문학자들 중 대다수가 다언어 환경에서 성장했다는 사실은 놀라운 일이지만, 어쩌면 놀랍지 않을 수도 있다(비교문학은 이러한 의미에서 지적 활동 중 가장 개인적일 뿐만 아니라 가장 정치적이기도 하다). 하지만 올바른 본보기상이 있다면 누구나 다극적 관점을 지향할 수 있다. 필자 자신은 영국 교육 제도라는 극도로 단일한 세계에서 벗어나면서 조지 스타이너나 에드워드 사이드로부터 영감을 받아 다른 문학적 전통들을 발견하고 모든 문화의 본질적인 상호연결성을 탐구했는데, 초기의 어려움, 즉 필자의 시야를 안전지대 너머로 넓히려는 도전이 매력의 일부였다. 이러한 모범들이 현재에 절실히 요구된다. 특히 앵글로색슨 세계에서는 세계시민주의가 가능한 모든 지원을 필요로 한다.

문학을 비교하는 일은 이론적, 실제적, 정치적 위험이 뒤따르는 복잡한 과정이다. 하지만 비교문학의 야망은 문학적 문화들이 상호작용을 하는 방식을 이해한다는 단순한 것이다. 비교문학이 자신의 유럽적 기원에서 점점 더 멀어짐에 따라, 비교문학의 미래는 전 세계적인 영향력에도 불구하고 이러한 일관성을 유지하고, 인문학의 중심에서 자신의 자리를 명확히 하며, 제도적 필요성에서 지적 미덕을 만들어내는 데 달려 있다. 비교문학이 미래의 문헌학이 되려면 과거의 성취를 기반으로 하면서도 현재의 구조 안에서 작업해야 한다. 정치학에서 철학, 역사학에서 언어학에 이르기까지, 비교문학자들은 언제나 문화에 대한 가능한 가장 광범위한 접근 방식을 활용해왔는데, 이러한 전문가들의 시대에도 제너럴리스트는 정신의 삶을 형성하고 지원하는 데 중요한 역할을 계속하고 있다. 요컨대 지식의 국제적이며 학제적 형태는 바로 근대성의 본질로 남아 있다. 이제 그 어느 때보다 비교문학의 미적 교육은 필수적이다.

참고문헌 및 독서 안내

개괄적 자료와 선집

Damrosch, David, Melas, Natalie, and Buthelezi, Mbongiseni (eds), *The Princeton Sourcebook in Comparative Literature* (Princeton, 2009)

D'haen, Theo, Damrosch, David, and Kadir, Djelal (eds), *Routledge Companion to World Literature* (Routledge, 2012)

Schulz, Hans-Joachim, and Rhein, Philip H. (eds), *Comparative Literature: The Early Years* (University of North Carolina, 1973)

비교문학 입문

Bassnett, Susan, *Comparative Literature* (Blackwell, 1993)

(수잔 바스넷, 『비교문학: 비평적 입문』, 송진한 옮김, 전남대학교출판부, 2012.)

Domínguez, César, Saussy, Haun, and Villanueva, Darío, *Introducing Comparative Literature: New Trends and Applications* (Routledge, 2015)

Morgan, Ben, Omri, Mohamed-Salah, and Reynolds, Matthew, 'Comparative Criticism: Histories and Methods', *Comparative Critical Studies 12/2* (June 2015), 147 – 59

원리와 실천

Aristotle, *Poetics* (Penguin, 1996)

(아리스토텔레스, 『수사학/시학』, 천병희 옮김, 숲, 2017.)

Bloom, Harold, *The Western Canon* (Harcourt Brace, 1994)

Borges, Jorge Luis, *Pierre Menard, Author of* Don Quixote (1939), tr. Andrew Hurley (Penguin, 1998), 88 – 95

(호르헤 루이스 보르헤스, 「삐에르 메나르, 『돈키호테』의 저자」, 『픽션들』, 황병하 옮김, 민음사, 1994, 67-89쪽.)

Bouju, Emmanuel, 'Achille et la tortue. Quelques considérations intempestives sur la périodisation de la littérature', *Le temps des lettres. Quelles périodisations pour l histoire de la littérature française du XXe siècle?* , ed. Fr. Dugast and M. Touret (Rennes, 2001), 45 – 54

Cervantes, Miguel de, *Don Quixote*, tr. John Rutherford (Penguin, 2003)

(미겔 데 세르반테스 사아베드라, 『돈키호테』, 안영옥 옮김, 열린책들, 2014.)

Damrosch, David, 'World Literature in a Postcanonical, Hypercanonical Age', *Comparative Literature in an Age of Globalization*, ed. Haun Saussy (Johns Hopkins University Press, 2006), 43 – 53

Dowden, Edward, *Shakspere: A Primer* (Macmillan, 1922)

Eliot, T.S., 'Tradition and the Individual Talent', *The Sacred Wood* (Methuen, 1945), 47 – 59

(황동규 엮음, 「전통과 개인의 재능」, 『엘리어트』, 문학과지성사, 1978, 143~154쪽.)

Ferris, David, 'Indiscipline', *Comparative Literature in an Age of Globalization* (Johns Hopkins University Press, 1994), 78 – 99

Lewis, Martin W., and Wigen, Kären, *The Myth of Continents: A Critique of Metageography* (University of California Press, 1997)

Lukács, Georg, *Studies in European Realism* (Merlin, 1972)

Moretti, Franco, *Signs taken for Wonders: On the Sociology of Literary Forms* (Verso, 2005)

(프랑코 모레티, 『공포의 변증법: 경이로움의 징후들』, 조형준 옮김, 새물결, 2014.)

Moretti, Franco, *Graphs, Maps, Trees: Abstract Models for Literary History* (Verso, 2005)

(프랑코 모레티 『그래프, 지도, 나무: 문학사를 위한 추상적 모델』, 이재연 옮김, 문학동네, 2020.)

Moretti, Franco, *Distant Reading: The Formation of an Unorthodox Literary Critic* (Verso, 2013)

(프랑코 모레티, 『멀리서 읽기』, 김용호 옮김, 현암사, 2021.)

Pollock, Sheldon, 'Cosmopolitanism, Vernacularism, and

Premodernity', *Global Intellectual History*, ed. Samuel Moyn and Andrew Sartori (Columbia, 2013), 59 – 80

Schaffner, Anna Katharina, and Weller, Shane (eds), *Modernist Eroticisms: European Literature after Sexology* (Palgrave Macmillan, 2012)

Steiner, George, *The Death of Tragedy* (Yale, 1996)

Stuurman, Siep, 'Common Humanity and Cultural Difference on the Sedentary-Nomadic Frontier: Herodotus, Sima Qian, and Ibn Khaldun', *Global Intellectual History*, ed. Samuel Moyn and Andrew Sartori (Columbia, 2013), 33 – 58

Szondi, Peter, *An Essay on the Tragic*, tr. Paul Fleming (Stanford, 2002)

Thiong'o, Ngũgĩ wa, *Decolonising the Mind: The Politics of Language in African Literature* (Heinemann Educational, 1986)

Underwood, Ted, *Why Literary Periods Mattered: Historical Contrast and the Prestige of English Studies* (Stanford, 2013)

길가메시 서사시

Cregan-Reid, Vybarr, *Discovering Gilgamesh* (Manchester University Press, 2013)

Damrosch, David, *The Buried Book: The Loss and Rediscovery of the Great Epic of Gilgamesh* (Henry Holt, 2007)

Smith, George, 'The Chaldean Account of the Deluge', in *Transactions of the Society of Biblical Archaeology* 1 – 2 (1872), 213 – 34

문헌학과 독일 비교문학

Benes, Tuska, *In Babel's Shadow: Language, Philology, and the Nation in Nineteenth-Century Germany* (Wayne State University Press, 2008)

Herder, Johann Gottfried, *Philosophical Writings*, tr. Michael N. Forster (CUP, 2002)

Lepper, Marcel, *Philologie. Eine Einführung* (Junius, 2014)

Turner, James, *Philology: The Forgotten Origins of the Modern Humanities* (Princeton, 2014), esp. ch. 5 Russian and Eastern European comparative literature

러시아와 동유럽 비교문학

Dobrenko, Evgeny and Tihanov, Galin, *A History of Russian Literary Theory and Criticism: The Soviet Age and Beyond* (University of

Pittsburgh Press, 2011)

Emerson, Caryl, 'Answering for Central and Eastern Europe', *Comparative Literature in an Age of Globalization*, ed. Haun Saussy (Johns Hopkins University Press, 2006), 203 – 11

Gould, Rebecca, *Writers and Rebels: The Literature of Insurgency in the Caucasus* (Yale, 2016)

Polonsky, Rachel, *English Literature and the Russian Aesthetic Renaissance* (CUP, 1998)

Szerb, Antal, *Reflections in the Library: Selected Literary Essays 1926 – 944*, tr. Peter Sherwood (Legenda, 2017)

덴마크 비교문학

Larsen, Svend Erik, 'Georg Brandes: The Telescope of Comparative Literature', *The Routledge Companion to World Literature* (Routledge, 2012)

Thomsen, Mads Rosendahl, and Ringgaard, Dan (eds), *Danish Literature as World Literature* (Bloomsbury, 2017)

Weinstein, Arnold, *Northern Arts: The Breakthrough of Scandinavian Literature and Art, from Ibsen to Bergman* (Princeton, 2008)

프랑스 비교문학

Brunetière, Ferdinand, *L'Évolution des genres dans l'histoire de la littérature* (Hachette, 1914)

Chasles, Philarète, 'Foreign Literature Compared', in Hans-Joachim Schulz and Philip H. Rhein (eds), *Comparative Literature: The Early Years* (University of North Carolina, 1973), 16–37

Etiemble, René, Comparaison n'est pas raison. La crise de la littérature comparée (Gallimard, 1963)

Noël, François-Joseph-Michel, and de La Place, Guislain-François Marie-Joseph (eds), *Leçons françaises de littérature et de morale* (Le Normant, 1816)

Renan, Ernest, *The Future of Science: Ideas of 1848*, tr. Albert Vandam and C.B. Pitman (Chapman & Hall, 1891)

Tageldin, Shaden M., 'One Comparative Literature? "Birth" of a Discipline in French-Egyptian Translation, 1810–1834', *Comparative Literature Studies* 47/4 (2000), 417–45

라틴 아메리카 비교문학

Andrade, Oswald de, 'Cannibalist Manifesto', tr. Leslie Bary, *Latin American Literary Review* 19/38 (1991), 38–47

Castro, Américo, *The Spaniards: An Introduction to their History*, tr. Willard F. King (University of California Press, 1971)

Guillén, Claudio, *The Challenge of Comparative Literature*, tr. Cola Franzen (Harvard, 1993)

Novillo-Corvalán, Patricia, *Modernism and Latin America: Transnational Networks of Literary Exchange* (Routledge, 2018)

미국 비교문학

Bernheimer, Charles (ed.), *Comparative Literature in the Age of Multiculturalism* (Johns Hopkins University Press, 1994)

(찰스 번하이머 외 지음, 『다문화주의 시대의 비교문학』, 이형진 외 옮김, 푸른사상, 2022.)

de Man, Paul, T*he Paul de Man Notebooks*, ed. Martin McQuillan (Edinburgh University Press, 2014), esp. 'Part III: Teaching'

Emerson, Ralph Waldo, *Representative Men* (Belknap Press, 1996)

(R. W. 에머슨, 『자기신뢰 철학/영웅이란 무엇인가』, 정광섭 옮김, 동서문화사, 2020.)

Gayley, Charles Mills, 'What is Comparative Literature' (1903), *The Princeton Sourcebook in Comparative Literature* (Princeton, 2009), 67–78

Saussy, Haun (ed.), *Comparative Literature in an Age of Globalization* (Johns Hopkins University Press, 2006)

Wellek, René, 'The Crisis of Comparative Literature', *The Princeton Sourcebook in Comparative Literature* (Princeton, 2009), 161 – 72

Wellek, René, 'The Name and Nature of Comparative Literature', *Discriminations: Further Concepts of Criticism* (University of North Carolina Press, 1970), 1 – 36

Wellek, René, 'The New Nihilism in Literary Studies', in *Aesthetics and the Literature of Ideas: Essays in Honour of A. Owen Aldridge* (University of Delaware, 1990)

'유럽' 비교문학

Auerbach, Ernst, Mimesis: *The Representation of Reality in Western Literature*, tr. Willard R. Trask (Princeton, 2003)

(에리히 아우어바흐, 『미메시스』, 김우창, 유종호 옮김, 민음사, 2012.)

Auerbach, Ernst, 'The Philology of World Literature', *Time, History, and Literature: Selected Essays of Erich Auerbach* (Princeton, 2013), 253 – 65

Babits, Mihály, *Geschichte der europäischen Literatur* (Europa, 1949)

Cohen, Walter, *A History of European Literature* (OUP, 2017)

Coleridge, S. T., *Aids to Reflection*, vol. 1 (Pickering, 1848), 176–7

Coudenhove-Kalergi, Richard von, *Pan-Europe* (Knopf, 1926)

Curtius, Ernst Robert, *European Literature and the Latin Middle Ages*, tr. Willard R. Trask (Princeton, 1952)

de Man, Paul, *Allegories of Reading: Figural Language in Rousseau, Nietzsche, Rilke, and Proust* (Yale, 1979)

폴 드 만, 『독서의 알레고리』, 이창남 옮김, 문학과지성사, 2010.)

Hutchinson, Ben, *Lateness and Modern European Literature* (OUP, 2016)

Hutchinson, Ben, 'Late Reading: Erich Auerbach and the Spätboot of Comparative Literature', *Comparative Critical Studies* 14/1 (2017), 69–85

Macaulay Posnett, Hutcheson, *Comparative Literature* (Kegan Paul, Trench & Co, 1886)

Spengler, Oswald, *The Decline of the West*, tr. Charles Atkinson (OUP, 1991)

(오스발트 슈펭글러, 『서구의 몰락 1~3』, 박광순 옮김, 범우사, 1995.)

Spitzer, Leo, *Linguistics and Literary History* (Princeton, 1967)

Steiner, George, *Errata: An Examined Life* (Yale, 1999)

Valéry, Paul, 'The Crisis of the Mind', *Paul Valéry: An Anthology*

(Princeton, 1977)

(폴 발레리, 『정신의 위기』, 임재철 옮김, 이모션북스. 2021.)

세계문학

Apter, Emily, *Against World Literature: On the Politics of Untranslatability* (Verso, 2013)

Casanova, Pascale, *The World Republic of Letters* (Harvard, 2007)

(파스칼 카자노바, 『세계문학공화국』, 이규현 옮김, 소명출판, 2024.)

Cheah, Pheng, *What is a World? On Postcolonial Literature as World Literature* (Duke, 2016)

Damrosch, David, *What is World Literature?* (Princeton, 2003)

Damrosch, David, *World Literature in Theory* (Wiley-Blackwell, 2014)

Goethe, Johann Wolfgang von, *Conversations of Goethe with Eckermann and Soret*, tr. John Oxenford (CUP, 2012)

(요한 페터 에커만, 『괴테와의 대화 1~2』, 장희창 옮김, 민음사, 2008.)

Barbery, Muriel, Ben Jelloun, Tahar, Borer, Alain, et al., 'Pour une littérature-monde en Français', *Le Monde* 15 March 2007 (see: 〈http://www.lemonde.fr/livres/article/2007/03/15/des-ecrivainsplaident-pour-un-roman-en-francais-ouvert-sur-lemonde_883572_3260.html)〉

Spivak, Gayatri Chakravorty, *Death of a Discipline* (Columbia, 2003)

Szerb, Antal, *Geschichte der Weltliteratur* (Schwabe, 2016)

Tagore, Rabindranath, 'World Literature', in *Rabindranath Tagore: Selected Writings on Literature and Language*, ed. Sukanta Chaudhuri (OUP, 2001), 147 – 9

Thomsen, Mads Rosendahl, *Mapping World Literature: International Canonization and Transnational Literatures* (Bloomsbury, 2008)

Thornber, Karen Laura, *Empire of Texts in Motion: Chinese, Korean, and Taiwanese Transculturations of Japanese Literature* (Harvard, 2009)

문학 이론

Barthes, Roland, *Writing Degree Zero*, tr. Annette Lavers and Colin Smith (Hill & Wang, 1977)

(롤랑 바르트, 『글쓰기의 영도』, 김웅권 옮김, 동문선, 2007.)

Cixous, Helene, 'The Laugh of the Medusa', tr. Keith Cohen and Paula Cohen, *Signs* 1/4 (Summer 1976), 875 – 93

(엘렌 식수, 『메두사의 웃음/출구』, 박혜영 옮김, 동문선, 2004.)

Derrida, Jacques, 'Différance', *Margins of Philosophy*, tr. Alan Bass

(University of Chicago, 1982), 3 – 27

Derrida, Jacques, *Of Grammatology*, tr. G.C. Spivak (Johns Hopkins University Press, 1998)

(자크 데리다, 『그라마톨로지에 대하여』, 김웅권 옮김, 동문선, 2004.)

Eagleton, Terry, *Literary Theory: An Introduction* (Blackwell, 1983)

(테리 이글턴, 『문학 이론 입문』, 정남영, 김명환, 장남수 옮김, 창비, 1989.)

Gilbert, Sandra, and Gubar, Susan, *The Madwoman in the Attic: The Woman Writer and the Nineteenth-Century Literary Imagination* (Yale, 1979)

(샌드라 길버트, 수전 구바, 『다락방의 미친 여자』, 박오복 옮김, 북하우스, 2022.)

문화 연구

Barthes, Roland, *Mythologies*, tr. Annette Lavers (Farrar, Strauss & Giroux, 1972)

(롤랑 바르트, 『현대의 신화』, 김희영 옮김, 동문선, 1997.)

During, Simon (ed.), *The Cultural Studies Reader* (Routledge, 1993)

Eliot, T. S., *Notes Towards the Definition of Culture* (Faber & Faber, 1973)

Hall, Stuart, *Cultural Studies 1983: A Theoretical History* (Duke University Press, 2016)

(스튜어트 홀, 『문화연구 1983: 이론의 역사에 관한 8개의 강의』, 김용규 옮김, 현실문화, 2021.)

Hall, Stuart, *Familiar Stranger: A Life between Two Islands* (Allen Lane, 2017)

Hoggart, Richard, *The Uses of Literacy: Aspects of Working-Class Life* (Penguin, 2009)

(리처드 호가트, 『교양의 효용: 노동자계급의 삶과 문화에 관한 연구』, 이규탁 옮김, 오월의봄, 2016.)

탈식민주의

Aravamudan, Srinivas, *Enlightenment Orientalism* (Chicago, 2011)

Bhabha, Homi, *The Location of Culture* (Routledge, 2004)

(호미 바바, 『문화의 위치』, 나병철 옮김, 2012.)

Césaire, Aimé, *Discourse on Colonialism*, tr. Joan Pinkham (Monthly Review Press, 2000)

(에메 세제르, 『식민주의에 대한 담론』, 이석호 옮김, 그린비, 2011.)

Césaire, Aimé, *Return to my Native Land*, tr. Mireille Rosello and Annie Pritchard (Bloodaxe, 1995)

(에메 세제르, 『귀향수첩』, 이석호 옮김, 그린비, 2011.)

Chakrabarty, Dipesh, *Provincializing Europe: Postcolonial Thought and Historical Difference* (Princeton, 2000)

(디페시 차크라바르티, 『유럽을 지방화하기: 포스트식민 사상과 역사적 차이』, 그린비, 2014.)

Fanon, Frantz, *The Wretched of the Earth*, tr. Richard Philcox (Grove, 2005)

(프란츠 파농, 『대지의 저주받은 사람들』, 남경태 옮김, 그린비, 2010.)

Glissant, Édouard, 'Cross-Cultural Poetics: National Literatures', *The Princeton Sourcebook in Comparative Literature* (Princeton, 2009), 248–58

Li, Xiofan Amy (ed.), 'The Exotic and the Autoexotic', *Publications of the Modern Language Association of America* 132/2 (March 2017), 392–461

Said, Edward, *Orientalism* (Pantheon, 1978)

(에드워드 W. 사이드, 『오리엔탈리즘』, 박홍규 옮김, 교보문고, 2015.)

번역 이론

Apter, Emily, *The Translation Zone: A New Comparative Literature* (Princeton, 2005)

Benjamin, Walter, 'The Task of the Translator', *Illuminations*, tr. Harry Zohn (Fontana, 1992), 70 – 82

(발터 벤야민, 「번역자의 과제」, 『언어 일반과 인간의 언어에 대하여/번역자의 과제 외』, 최성만 옮김, 길, 2008. 119~142.)

Cassin, Barbara (ed.), *Dictionary of Untranslatables: A Philosophical Lexicon* (Princeton, 2014)

Evan-Zohar, Itamar, 'The Position of Translated Literature within the Literary Polysystem', *Papers in Historical Poetics* (Porter Institute, 1978)

Liu, Lydia H., *Translingual Practice: Literature, National Culture, and Translated Modernity—China, 1900 – 1937* (Stanford, 1995)

Reynolds, Matthew, *Translation: A Very Short Introduction* (OUP, 2016)

(매슈 레이놀즈, 『번역』, 이재만 옮김, 교유서가, 2024.)

Steiner, George, *After Babel* (OUP, 1975)

Taylor, Charles, *The Language Animal: The Full Shape of the Human Linguistic Capacity* (Harvard, 2016)

수용 연구

Bloom, Harold, *The Anxiety of Influence: A Theory of Poetry* (OUP,

1973)

(해럴드 블룸, 『영향에 대한 불안』, 양석원 옮김, 문학과지성사, 2012.)

Fumaroli, Marc (ed.), *La Querelle des anciens et des modernes* (Gallimard Folio, 2001)

Hardwick, Lorna, and Stray, Christopher (eds), *A Companion to Classical Receptions* (Wiley-Blackwell, 2007)

Horace, *Satires and Epistles*, tr. John Davie (Oxford World's Classics, 2011)

(호라티우스, 『호라티우스의 시학』, 김남우 옮김, 민음사, 2019.)

Skinner, Quentin, 'Meaning and Understanding in the History of Ideas', *History and Theory* 8/1 (1969), 3–53

Warner, Marina, *Stranger Magic: Charmed States and the Arabian Nights* (Chatto & Windus, 2011)

Zajko, Vanda (ed.), *A Handbook to the Reception of Classical Mythology* (Wiley-Blackwell, 2017)

비교문학의 미래

Berman, Jessica, *Modernist Commitments: Ethics, Politics, and Transnational Modernism* (Columbia, 2011)

Forster, E. M., *Howard's End* (Penguin, 1961)

(E. M. 포스터, 『하워즈 엔드』, 고정아 옮김, 열린책들, 2010.)

Pollock, Sheldon, 'Future Philology? The Fate of a Soft Science in a Hard World', *Critical Inquiry* 35/4 (Summer 2009), 931 – 61

Saussy, Haun, 'Exquisite Cadavers Stitched from Fresh Nightmares', *Comparative Literature in an Age of Globalization* (Johns Hopkins, 2006), 3 – 42

Saussy, Haun, 'Comparative Literature: The Next Ten Years': ⟨https://stateofthediscipline.acla.org/entry/comparative-literature-next-ten-years⟩

Schiller, Friedrich, *On the Aesthetic Education of Man*, ed. E. M. Wilkinson and L. A. Willoughby (OUP, 1983)

(프리드리히 실러, 『프리드리히 실러의 미적 교육론』, 윤선구, 이경희, 조경식, 하선규, 한진이 옮김, 대화문화아카데미, 2015.)

Seigel, Micol, 'Beyond Compare: Comparative Method after the Transnational Turn', *Radical History Review* 91 (Winter 2005), 62 – 90

Stanford Friedman, Susan, *Planetary Modernisms: Provocations on Modernity Across Time* (Columbia, 2015)

Szegedy-Maszák, Mihály, 'Unseen Paintings and Unheard Melodies: The Uses and Limits of Interart Studies', *Comparative Critical Studies* 12/2 (2015), 251 – 66

Valéry, Paul, 'Le bilan de l'intelligence', *Œuvres*, vol. 1 (Gallimard,

1957)

웹사이트

American Comparative Literature Association: 〈www.acla.org〉

(미국비교문학회)

British Comparative Literature Association: 〈www.bcla.org〉

(영국비교문학회)

감사의 말

공동의 노력이 아니라면 비교문학은 아무것도 아닙니다. 본질적으로 비교문학은 한 사람의 관점을 훨씬 뛰어넘는 관점들을 포괄하는데, 책의 끝부분에 열거된 출처(더 많은 출처가 추가될 수 있었습니다)를 통해 비교문학이라는 기획 전체가 얼마나 보편적인지 알 수 있습니다. 우선, 과거와 현재의 비교문학자들에게 감사를 표합니다. 그들의 노력이 없었다면 입문서는 세상에 나올 수 없었을 것입니다.

이러한 멀리서 읽기distant reading와 더불어, 이 책은 처음 세 명의 대화자—프란체스카 오르시니, 리치 로버트슨, 셰인 웰러—의 꼼꼼히 읽기close reading에 헤아릴 수 없이 많은 도움을 받았습니다. 물론 이들이 모든 강조점이나 주장에 동의하지는 않겠으나, 시간과 에너지를 내어준 관대함과 편집 관련 문제들과 지적 문제들 전부에 대한 세심한 관심은 비교 공동체의 미덕을 잘 보여줍니다. 저는 그들의 꼼꼼함에 빚을 지고 있습니다.

영국비교문학회BCLA의 동료들은 지난 몇 년 동안 덴마크(마스 로센달 톰센), 프랑스(에마뉘엘 부쥐), 독일(마르셀 레퍼)의 친구들과 마찬가지로 반복적으로 자극의 원천이 되어주었습니다. 분명히 옥스퍼드대학교 입문 총서의 다른 모든 저자와 마찬가지로, 저는 앤드리아 키건과 제니 누지가 한결같이 저를 격려해준다는 사실을 알게 된 것을 행운으로 생각합니다. 두 분에게, 그리고 제안들을 통해 저에게 도전과 응원을 보내주신 옥스퍼드대학교출판부의 익명의 독자들에게도 감사의 말씀을 전합니다.

이 책도 다른 모든 책과 마찬가지로 마리, 맥스, 휴고가 없었다면 불가능했을 것임은 말할 필요도 없기에, 말해야만 합니다. 메르시Merci.

역자 후기

영국의 비교문학 연구자 벤 허친슨은 이 책에서 비교문학의 역사뿐만 아니라 미래까지 초점을 맞춘다. 책 전반에 걸쳐 허친슨은 역사적, 문화적 맥락에서 비교문학의 변화를 보여주며, 문학적 문화가 서로를 바라보는 방법을 어떻게 배워왔는지를 밝혀냄으로써 비교문학의 장점을 구체화하는 데 성공한다. 허친슨의 관점에서, 앎의 주요 원천인 비교는 '우리 자신을 넘어서 바라보는 것이 우리가 배우는 방식'이라는 점에서 비판적 사고와 배움의 지평을 확장하는 데 결정적인 역할을 한다. 허친슨은 비교문학자답게 다학제적 연구를 연상하게 하는 접근을 취하며 비교문학의 정의를 향한 첫걸음을 제공한다. 또한 이주와 국경 횡단의 시대에 비교문학의 비교문화적 과제가 인문학의 미래에 있어 점점 중요한 입지를 차지한다는 사실을 나타내기 위해 다양한 학문과 역사적 시대를 대화의 장으로 이끈다.

첫번째 장은 이 책의 대부분을 구성하는 몇 가지 기본적인 질문들을 다룬다. 문학이란 무엇인가? 왜 텍스트를 비교하는가? 누가 비교문학 연구를 수행할 수 있는가? 문학과 비교문학의 힘에는 어떠한 차이가 있는가? 우리는 어떻게 비교문학자가 되는가? 허친슨의 말처럼, 우리는 한 텍스트를 이해할 때, 그것을 다른 텍스트들과 비교하며 결과적으로 우리 자신을 이미 존재하는 준거 틀에 놓는다. 비교문학에 관한 사유는 이 지점에서 출발하며 비교문학은 비교문화적 연결에 관한 연구와 다양성의 인식으로 간주된다. 이러한 과정에서 허친슨은 '교차로' '시장' '출입국 관리소' '의회' '국제 연합' 등의 은유를 통해 비교문학의 다양한 속성을 표현한다. 늘 경계에서 국경을 넘는 일을 과제로 삼는 비교문학은 '소속 없음'과 '어디에도 없음'이라는 주요한 특징을 담지하게 된다.

두번째 장은 문학을 비교하는 주요 기준들을 분석한다. 비교문학의 실천을 구성하는 다음의 몇 가지 기본 원칙을 제안하며 각 범주의 장점과 한계를 제시함으로써 비교문학을 이해하고자 시도한다. 허치슨은 그 범주를 1) 주제 대 방법 2)

시대 대 지역 3) 꼼꼼히 읽기 대 멀리서 읽기, 4) 정전 대 반정전, 5) 장르 대 스타일 6) 작가 대 독자로 구성한다. 각 범주와 관련해 제기할 수 있는 의문을 드러내며 논의를 전개한다. 그 중 한 가지만 예로 들자면 허친슨은 정전과 관련해 우리가 유럽 전통의 위대한 작품들을 읽어야 하는지 아니면 덜 알려진 작가들의 반정전을 읽어야 하는지를 묻는다. 그는 정전을 먼저 확립한 후에만 반정전을 구성할 수 있지만, 그럴 경우 이는 다시 미리 결정된 전통에 문화적 우선권을 주는 것처럼 보인다고 답한다.

세번째 장에서 허친슨은 식민주의, 근대, 디아스포라, 20세기와 같은 광범위한 역사적 시기에 이루어진 비교문학의 진화를 역사화한다. 그는 비교문학 역사의 중요성을 강조하며, 비교문학의 지속적인 정치적 역사를 알면 우리는 현재 상태뿐만 아니라 미래도 이해할 수 있을 것이라 말한다. 특히 비교문학의 역사를 유럽과의 연관성 속에서 강조하며 세 가지 관점에서 분석한다. 첫째, 유럽 문학이 유럽 내부에서 어떻게 비교되었는가, 둘째, 유럽 외부에서는 어떻게 비교되었는가, 셋째, 페르시아와 아랍 같은 유럽 외부의 문학들이 상호간에 어떻게 비교되었는가. 이를 통해 허친슨은 비교언어학, 비교문학, 그리고 문화적 식민주의의 역사 사이에 역사적 연결을 만든다.

네번째 장에서는 주변 학문 분야 사이에서 비교문학이 차지하는 독특한 위치에서 오는 비교문학의 특징을 검토하고, 인접 학문에서 실현되고 있는 비교문학을 고찰한다. '기생충'과 '카멜레온'을 반반씩 섞은 비교문학은 인접 학문과 상호 침투하며 공생한다. 그러기에 불안정하며 이 불안정성이야말로 비교문학의 본질이며, 이러한 특징은 '비학문상태'라는 말로 함축된다. 문학 이론, 문화 연구, 탈식민주의, 세계문학, 번역학, 수용 연구 등 여러 경쟁 학문 분야로 분화되었다는 사실이 비교문학의 이러한 속성을 잘 드러내며, 허치슨은 이에 주목해 이 인접 학문과 비교문학의 연관성을 밝히며 이들 이론 내에서 비교문학이 어떻게 실천되고 있는지를 조명한다.

마지막 장에서 허친슨은 인문학의 교차점에서 비교문학의 위치를 살펴보고 비교문학이 다른 분과 학문, 개념의 보편화, 그리고 사회과학으로부터 도움을 받을 수 있다고 주장한다. 단일언어주의와 단일문화주의를 전제로 한 배제와 차별의 시대에 비교문학은 새로운 목소리들을 자신의 학문으로 기꺼이 맞아들일 수 있으며, 욕망이 아니라 절망으로 인해 초국적 존재가 된 사람들의 고향이 될 수 있다. 따라서 비교문학의 유토피아적 꿈 안에서 다른 문화들이 상호작용할 수 있는 다른 방식들을 이해하는 것이 가능하다. 이는 하나의 위대한 문학이나 언어는 다른 언어와 문학의 필요성을 인식해야 한다는 조지 스타이너의 주장을 뒷받침한다. 모든 사람을 동등하게 포용하는 것이 비교문학의 사명이며, 이는 아직 완전히 성취되지 않은 사명이다. 문학 연구, 비교문학, 비교문학사를 공부하는 이들 모두에게 이 책이 길잡이가 되어 줄 것이라 믿는다.

이 책의 번역 발간 제안을 기쁘게 받아들이고, 마지막 과정까지 너그러움과 도움을 아끼지 않은 교유당 신정민 대표님, 거칠기 짝이 없던 초고를 적확하게 다듬어준 편집자 황도옥, 이원주, 이희연 선생님, 마지막으로 이 책이 독자들에게 선보이기까지 보이지 않는 곳에서 수고를 아끼지 않았을 모든 출판 인쇄 및 서적 유통 노동자 여러분에게 깊은 감사를 드린다. 모든 공은 이들과 독자 여러분의 몫이며, 모든 과는 역자들의 몫이다.

2025년 11월

민현주, 이유진

비교문학 관련 추천 한국어 문헌

마리위스 프랑스와 귀야르, 『비교문학』, 정기수 옮김, 탐구당, 1986.

울리히 바이스슈타인, 『비교문학론』, 이유영 옮김, 기린원, 1989.

이브 슈브렐, 『비교문학 어떻게 할 것인가』, 박성창 옮김, 민음사, 2002.

이혜순, 『비교문학 1: 이론과 방법』, 중앙출판인쇄주식회사, 1980.

___(엮음), 『비교문학 2: 논문선』, 중앙출판인쇄주식회사, 1980.

필리프 방 티겜, 『비교문학』, 김종원 옮김, 예림기획, 1999.

프랑시 클로동, 카랭 아다-보틀링, 『비교문학개요: 비교학적 접근 방법과 이론』, 김정란 옮김, 동문선, 2001.

피에르 브뤼넬, 끌로드 피슈아, 앙드레-미셸 루소, 『비교문학이란 무엇인가』, 석준 옮김, 미리내, 1993.

도판 목록

1. 문학을 깊이 읽기: 로르샤흐 테스트
ⓒ Kheng Guan Toh / Shutterstock.com 009

2. 빈 회의 당시 유럽
『빈 회의 후 유럽Europe after the Congress of Vienna』(1815), 잉글랜드 화파(English School), 개인 소장/Bridgeman Images 017

3. 전쟁의 충격적인 경험: 아폴리네르의 캘리그램 「귀 안의 솜Du cotton dans les oreilles」(1916)
『캘리그램: 평화와 전쟁의 시, 1913~1916 Calligrammes. Poèmes de la paix et de la guerre, 1913~1916』, 1918년 메르퀴르드프랑스 출판 051

4. 1800년부터 2000년까지 영어로 쓰인 '비교문학(comparative literature)'의 인용
구글 북스 엔그램 뷰어(Google Books Ngram Viewer) 〈http://books.google.com/ngrams〉 055

5. 번역의 발명: 『돈키호테』의 가상 아랍인 저자
후안 프란시스코 데 라 하라 이 산체스 데 몰리나(Juan Francisco de la Jara y Sánchez de Molina), 미겔 데 세르반테스 사아베드라(Miguel de Cervantes Saavedra) 지음 『기발한 이달고 돈키호테 데 라만차의 이야기 그 후*Adiciones a la historia del Ingenioso Hidalgo Don Quijote de la Mancha*』, 1845 075

6. 대홍수, 그러나 우리가 아는 것처럼은 아닌. 『길가메시 서사시』, 대영박물관
ⓒ The Trustees of the British Museum 082

7. 프랜시스 베이컨의 『신기관*Novum Organum*』(1620) 표지에 그려진 헤라클레스의 기둥
EC.B1328.620ib, 하버드대학교 휴턴 도서관(Houghton Library,

Harvard University)/Wikimedia Commons/Public Domain 101

8. 『오디세우스와 에우리클레이아』, 크리스티안 고틀로프 하이네
프로젝트 구텐베르크(Project Gutenberg) 전자 텍스트(eText) 13725/
Wikimedia Commons/ Public Domain 126

9. '사실, 착상, 결정'의 비교 순서: 광택이 나는 잡지의 식민주의. 롤랑 바르트, 『현대의 신화』(1957)에서 재인용
이지스(Izis) 촬영/Paris Match via Getty Images 148

10. 책들의 전쟁, 『통 이야기*A Tale of a Tub*』(1704)의 목판화 원본
Wikimedia Commons/Public Domain 175

비교문학

COMPARATIVE LITERATURE

초판 1쇄 인쇄 2025년 12월 12일
초판 1쇄 발행 2025년 12월 22일

지은이 벤 허친슨
옮긴이 민현주 이유진

편집 황도옥 이원주 이희연 이고호
디자인 엄자영
저작권 박지영 형소진 주은수 오서영 조경은
마케팅 김다정 박재원
브랜딩 함유지 김은솔 박민재 이송이 박다솔 조다현 김하연 이준희 신은서
제작 강신은 김동욱 이순호
제작처 한영문화사(인쇄) 한영제책사(제본)

펴낸곳 (주)교유당 **펴낸이** 신정민
출판등록 2019년 5월 24일 제406-2019-000052호
주소 10881 경기도 파주시 회동길 210
전자우편 gyoyudang@munhak.com
문의전화 031–955–8891(마케팅)
031–955–2680(편집)
031–955–8855(팩스)

페이스북 @gyoyubooks
트위터 @gyoyu_books **인스타그램** @gyoyu_books

ISBN 979-11-24128-25-1 03800